Les Délices de la Sagesse Culinaire
Un Voyage Gourmand à travers la Cuisine Chinoise

Mei Ling Chen

Indice

Introduction *10*
   Ormeau mariné *12*
   Pousses de Bambou Braisées *13*
   Poulet au concombre *14*
   Poulet au sésame *15*
   Litchis au gingembre *16*
   Ailes de poulet bouillies rouges *17*
   Chair de crabe au concombre *18*
   Champignons marinés *19*
   Champignons à l'ail marinés *20*
   Crevettes et chou-fleur *21*
   Bâtonnets de jambon au sésame *22*
   Tofu froid *23*
   Poulet au bacon *24*
   Frites de poulet et banane *26*
   Poulet au gingembre et champignons *27*
   Poulet et Jambon *29*
   Foies De Poulet Grillés *30*
   Boulettes de crabe aux châtaignes d'eau *31*
   Dim-Sum *32*
   Rouleaux de jambon et de poulet *33*
   Recettes de jambon au four *35*
   Poisson pseudo-fumé *36*
   Champignons farcis *38*
   Champignons à la sauce aux huîtres *39*
   Rouleaux de porc et de laitue *40*
   Boulettes de porc et châtaignes *42*
   Dumplings au porc *43*
   Galettes de porc et de veau *44*
   crevette papillon *45*
   Cameroun chinois *46*
   Crackers aux crevettes *47*

Crevettes croustillantes.. *48*
Crevettes sauce gingembre *49*
Rouleaux de crevettes et de pâtes *50*
Toast aux crevettes... *52*
Wontons de porc et crevettes avec sauce aigre-douce *53*
Bouillon de poulet... *55*
Soupe aux germes de soja et au porc... *56*
Soupe aux ormeaux et aux champignons.................................. *57*
Soupe au poulet et asperges.. *59*
Soupe à la viande *60*
Soupe chinoise au bœuf et aux feuilles *61*
Soupe aux choux *62*
Soupe épicée au bœuf... *63*
Soupe céleste... *65*
Soupe au poulet et bambou... *66*
Soupe au poulet et au maïs *67*
Soupe au poulet et au gingembre... *68*
Soupe de poulet aux champignons chinois *69*
Soupe au poulet et riz... *70*
Soupe au poulet et à la noix de coco *71*
Soupe aux palourdes... *72*
Soupe aux Oeufs.. *74*
Soupe de crabe et pétoncles.. *75*
Soupe de crabe.. *77*
Soupe de poisson... *78*
Soupe de poisson et de laitue *79*
Soupe de gingembre aux boulettes... *81*
Soupe aigre-piquante.. *82*
Soupe aux champignons... *83*
Soupe aux champignons et aux choux *84*
Soupe aux œufs et aux champignons... *85*
Soupe aux champignons et châtaignes d'eau............................ *86*
Soupe de porc et champignons *87*
Soupe de porc et cresson *88*
Soupe de porc et concombre *89*
Soupe aux boulettes de porc et nouilles.................................... *90*

Soupe aux épinards et au tofu	91
Soupe de maïs et crabe	92
Soupe sichuanaise	93
Soupe au Tofu	95
Soupe de tofu et poisson	96
Soupe à la tomate	97
Soupe de tomates et épinards	98
Soupe de navet	99
Soupe aux légumes	100
Soupe végétarienne	101
Soupe de cresson	102
Poisson frit aux légumes	103
Poisson Entier Rôti	105
Poisson de soja braisé	106
Poisson de soja à la sauce d'huîtres	108
Bar Cuit	110
Poisson au four aux champignons	111
Poisson aigre-doux	113
Poisson farci au porc	115
Carpe rôtie assaisonnée	117
Crevettes sauce litchi	119
Crevettes sautées à la mandarine	120
Crevettes au Mangetout	121
Crevettes aux champignons chinois	122
Sauté de crevettes et petits pois	123
Crevettes au chutney de mangue	124
Quenelles de crevettes frites avec sauce à l'oignon	126
Crevettes mandarines aux petits pois	127
Crevettes de Pékin	128
Crevettes aux poivrons	129
Crevettes sautées au porc	130
Crevettes frites à la sauce au xérès	131
Crevettes frites au sésame	132
Crevettes sautées dans leur coquille	133
Crevettes Frites	134
Crevettes Tempura	135

Sous-gomme	136
Crevettes au Tofu	137
Crevettes à la tomate	138
Crevettes à la sauce tomate	139
Crevettes à la sauce tomate et poivre	140
Crevettes Frites à la Sauce Tomate	141
Crevettes aux Légumes	142
Crevettes aux châtaignes d'eau	144
Wonton aux crevettes	145
Ormeau au poulet	146
Ormeau aux asperges	147
Ormeau aux champignons	148
Ormeau à la sauce d'huître	149
Palourdes cuites à la vapeur	150
Palourdes aux germes de soja	151
Palourdes au gingembre et à l'ail	152
Palourdes frites	153
Beignets de crabe	154
Crème De Crabe	155
Chair de crabe aux feuilles chinoises	156
Crabe Foo Yung aux germes de soja	157
Crabe au Gingembre	158
Lo Mein au crabe	159
Crabe frit au porc	160
Chair de crabe frite	161
Boulettes de seiche frites	162
Homard Cantonais	163
Homard frit	164
Homard cuit à la vapeur et au jambon	165
Homard aux Champignons	166
Queues de homard au porc	167
Homard Frit	168
nids de homard	170
Moules à la sauce aux haricots noirs	171
Moules au Gingembre	172
Moules cuites	173

Huîtres frites	*174*
Huîtres au bacon	*175*
Huîtres frites au gingembre	*176*
Huîtres à la sauce aux haricots noirs	*177*
Coquilles Saint-Jacques aux pousses de bambou	*178*
Coquilles Saint-Jacques à l'oeuf	*179*
Pétoncles au brocoli	*180*
Pétoncles au Gingembre	*182*
Coquilles Saint-Jacques au Jambon	*183*
Brouillage de pétoncles aux herbes	*184*
Sauté de pétoncles et d'oignons	*185*
Pétoncles aux Légumes	*186*
Pétoncles aux Poivrons	*187*
Calmar aux germes de soja	*188*
Calamar frit	*190*
Paquets de calmars	*191*
Rouleaux de calamars frits	*192*
Calmar braisé	*194*
Calamars aux champignons séchés	*194*
Calamars aux Légumes	*195*
Steak braisé à l'anis	*196*
Boeuf aux Asperges	*197*
Boeuf aux pousses de bambou	*199*
Boeuf aux pousses de bambou et champignons	*200*
Rôti de boeuf chinois	*201*
Boeuf aux germes de soja	*202*
Bœuf avec brocoli	*203*
Boeuf au Sésame et Brocoli	*204*
Rôti de bœuf	*206*
Viande cantonaise	*207*
Viande aux Carottes	*208*
Viande aux noix de cajou	*209*
Casserole de bœuf à la mijoteuse	*210*
Boeuf au chou-fleur	*211*
Boeuf au Céleri	*212*
Copeaux de viande frits au céleri	*213*

Viande effilochée au poulet et céleri.. 214
Bœuf au piment 216
Boeuf au chou chinois... 218
Côtelette de bœuf Suey... 220

Introduction

Tous ceux qui aiment cuisiner aiment essayer de nouveaux plats et de nouvelles sensations gustatives. La cuisine chinoise est devenue extrêmement populaire ces dernières années car elle offre une variété différente de saveurs à savourer. La plupart des plats sont préparés sur la cuisinière, et beaucoup sont préparés et cuits rapidement, ils sont donc idéaux pour le cuisinier occupé qui souhaite créer un plat appétissant et attrayant lorsqu'il a peu de temps à perdre. Si vous aimez vraiment la cuisine chinoise, vous possédez probablement déjà un wok, et c'est l'ustensile parfait pour cuisiner la plupart des plats du livre. Si vous n'êtes toujours pas convaincu que ce style de cuisine est fait pour vous, utilisez une bonne poêle ou une bonne poêle pour essayer les recettes. Lorsque vous découvrirez à quel point ils sont faciles à préparer et délicieux à manger, vous aurez certainement envie d'investir dans un wok pour votre cuisine.

Ormeau mariné

Pour 4 personnes

450 g d'ormeau en conserve

45 ml/3 cuillères à soupe de sauce soja

30 ml/2 cuillères à soupe de vinaigre de vin

5 ml/1 cuillère à café de sucre

quelques gouttes d'huile de sésame

Égouttez l'ormeau et coupez-le en fines tranches ou coupez-le en lanières. Mélanger le reste des ingrédients, verser sur l'ormeau et bien mélanger. Couvrir et réfrigérer 1 heure.

Pousses de Bambou Braisées

Pour 4 personnes

60 ml/4 cuillères à soupe d'huile d'arachide (cacahuète)
225 g/8 oz de pousses de bambou, coupées en lanières
60 ml/4 cuillères à soupe de bouillon de poulet
15 ml/1 cuillère à soupe de sauce soja
5 ml/1 cuillère à café de sucre
5 ml/1 cuillère à café de vin de riz ou de xérès sec

Faites chauffer l'huile et faites frire les pousses de bambou pendant 3 minutes. Mélangez le bouillon, la sauce soja, le sucre et le vin ou le xérès et ajoutez-les à la poêle. Couvrir et cuire 20 minutes. Laisser refroidir et réfrigérer avant de servir.

Poulet au concombre

Pour 4 personnes

1 concombre, pelé et épépiné
225 g/8 oz de poulet cuit, coupé en morceaux
5 ml/1 cuillère à café de moutarde en poudre
2,5 ml/½ cuillère à café de sel
30 ml/2 cuillères à soupe de vinaigre de vin

Coupez le concombre en lanières et placez-le sur une assiette de service plate. Disposez le poulet dessus. Mélangez la moutarde, le sel et le vinaigre de vin et versez sur le poulet avant de servir.

Poulet au sésame

Pour 4 personnes

350 g/12 oz de poulet cuit

120 ml/4 fl oz/¬Ω tasse d'eau

5 ml/1 cuillère à café de moutarde en poudre

15 ml/1 cuillère à soupe de graines de sésame

2,5 ml/¬Ω cuillère à café de sel

pincée de sucre

45 ml/3 cuillères à soupe de coriandre fraîche hachée

5 ciboulette (ciboulette), hachée

¬Ω tête de laitue, râpée

Râpez le poulet en fines lanières. Mélangez juste assez d'eau à la moutarde pour obtenir une pâte lisse et incorporez-la au poulet. Faites griller les graines de sésame dans une poêle sèche jusqu'à ce qu'elles soient légèrement dorées, puis ajoutez-les au poulet et saupoudrez de sel et de sucre. Ajoutez la moitié du persil et de la ciboulette et mélangez bien. Disposer la laitue sur une assiette de service, garnir du mélange de poulet et garnir du persil restant.

Litchis au gingembre

Pour 4 personnes

1 grosse pastèque, coupée en deux et sans pépins

450 g de litchis en conserve, égouttés

5 cm/2 tiges de gingembre, tranché

quelques feuilles de menthe

Farcir les moitiés de melon de litchis et de gingembre, garnir de feuilles de menthe. Refroidir avant de servir.

Ailes de poulet bouillies rouges

Pour 4 personnes

8 ailes de poulet

2 ciboulette (ciboulette), hachée

75 ml/5 cuillères à soupe de sauce soja

120 ml/4 fl oz/¬Ω tasse d'eau

30 ml/2 cuillères à soupe de cassonade

Coupez et jetez les extrémités osseuses des ailes de poulet et coupez-les en deux. Mettre dans une casserole avec les autres ingrédients, porter à ébullition, couvrir et laisser cuire 30 minutes. Retirez le couvercle et laissez mijoter encore 15 minutes en arrosant fréquemment. Laisser refroidir, puis réfrigérer avant de servir.

Chair de crabe au concombre

Pour 4 personnes

100 g/4 oz de chair de crabe, en flocons
2 concombres, pelés et hachés
1 tranche de racine de gingembre, hachée
15 ml/1 cuillère à soupe de sauce soja
30 ml/2 cuillères à soupe de vinaigre de vin
5 ml/1 cuillère à café de sucre
quelques gouttes d'huile de sésame

Placer la chair de crabe et les concombres dans un bol. Mélanger le reste des ingrédients, verser sur le mélange de chair de crabe et bien mélanger. Couvrir et réfrigérer 30 minutes avant de servir.

Champignons marinés

Pour 4 personnes

225 g de champignons de Paris
30 ml/2 cuillères à soupe de sauce soja
15 ml/1 cuillère à soupe de vin de riz ou de xérès sec
pincée de sel
quelques gouttes de sauce tabasco
quelques gouttes d'huile de sésame

Faites blanchir les champignons 2 minutes dans l'eau bouillante, égouttez-les et séchez-les. Placer dans un bol et verser sur les autres ingrédients. Bien mélanger et réfrigérer avant de servir.

Champignons à l'ail marinés

Pour 4 personnes

225 g de champignons de Paris
3 gousses d'ail, écrasées
30 ml/2 cuillères à soupe de sauce soja
30 ml/2 cuillères à soupe de vin de riz ou de xérès sec
15 ml/1 cuillère à soupe d'huile de sésame
pincée de sel

Mettez les champignons et l'ail dans une passoire, versez l'eau bouillante et laissez reposer 3 minutes. Égoutter et bien sécher. Mélangez le reste des ingrédients, versez la marinade sur les champignons et laissez mariner 1 heure.

Crevettes et chou-fleur

Pour 4 personnes

225 g de fleurons de chou-fleur

100 g de crevettes décortiquées

15 ml/1 cuillère à soupe de sauce soja

5 ml/1 cuillère à café d'huile de sésame

Faites cuire le chou-fleur pendant environ 5 minutes jusqu'à ce qu'il soit tendre mais toujours croquant. Mélanger avec les crevettes, saupoudrer de sauce soja et d'huile de sésame et mélanger. Refroidir avant de servir.

Bâtonnets de jambon au sésame

Pour 4 personnes

225 g/8 oz de jambon, coupé en lanières
10 ml/2 cuillères à café de sauce soja
2,5 ml/½ cuillère à café d'huile de sésame

Disposez le jambon sur une assiette de service. Mélanger la sauce soja et l'huile de sésame, saupoudrer sur le jambon et servir.

Tofu froid

Pour 4 personnes

450 g/1 livre de tofu, tranché
45 ml/3 cuillères à soupe de sauce soja
45 ml/3 cuillères à soupe d'huile d'arachide (cacahuète)
poivre fraîchement moulu

Placez le tofu quelques tranches à la fois dans une passoire et plongez-le dans l'eau bouillante pendant 40 secondes, puis égouttez-le et disposez-le sur une assiette de service. Laisser refroidir. Mélanger la sauce soja et l'huile, saupoudrer de tofu et servir saupoudré de poivre.

Poulet au bacon

Pour 4 personnes

225 g/8 oz de poulet, tranché très finement
75 ml/5 cuillères à soupe de sauce soja
15 ml/1 cuillère à soupe de vin de riz ou de xérès sec
1 gousse d'ail, écrasée
15 ml/1 cuillère à soupe de cassonade
5 ml/1 cuillère à café de sel
5 ml/1 cuillère à café de racine de gingembre hachée
225 g/8 oz de bacon maigre, coupé en cubes
100 g de châtaignes d'eau tranchées très finement
30 ml/2 cuillères à soupe de miel

Placer le poulet dans un bol. Mélangez 45 ml/3 cuillères à soupe de sauce soja avec le vin ou le xérès, l'ail, le sucre, le sel et le gingembre, versez sur le poulet et laissez mariner environ 3 heures. Enfilez le poulet, les lardons et les marrons sur les brochettes de kebab. Mélangez le reste de la sauce soja avec le miel et badigeonnez les brochettes. Faire griller (griller) sur un gril chaud pendant environ 10 minutes jusqu'à ce qu'ils soient bien cuits, en les retournant fréquemment et en badigeonnant davantage de glaçage pendant la cuisson.

Frites de poulet et banane

Pour 4 personnes

2 poitrines de poulet cuites

2 bananes fermes

6 tranches de pain

4 œufs

120 ml/4 fl oz/½ tasse de lait

50 g/2 oz/½ tasse de farine nature (tout usage)

225 g/8 oz/4 tasses de chapelure fraîche

huile de friture

Coupez le poulet en 24 morceaux. Épluchez les bananes et coupez-les en quartiers dans le sens de la longueur. Coupez chaque quartier en trois pour obtenir 24 morceaux. Coupez la croûte du pain et coupez-le en quatre. Battez les œufs et le lait et badigeonnez un côté du pain. Placez un morceau de poulet et un morceau de banane sur la face recouverte d'œuf de chaque morceau de pain. Trempez légèrement les carrés dans la farine, trempez-les dans l'œuf et roulez-les dans la chapelure. Tremper à nouveau dans l'œuf et la chapelure. Faites chauffer l'huile et faites frire quelques carrés à la fois jusqu'à ce qu'ils soient dorés. Égoutter sur du papier absorbant avant de servir.

Poulet au gingembre et champignons

Pour 4 personnes

225 g de filets de poitrine de poulet

5 ml/1 cuillère à café de poudre aux cinq épices

15 ml/1 cuillère à soupe de farine nature (tout usage)

120 ml/4 fl oz/¬Ω tasse d'huile d'arachide (cacahuète)

4 échalotes, coupées en deux

1 gousse d'ail, tranchée

1 tranche de racine de gingembre, hachée

25 g/1 oz/ième tasse de noix de cajou

5 ml/1 cuillère à café de miel

15 ml/1 cuillère à soupe de farine de riz

75 ml/5 cuillères à soupe de vin de riz ou de xérès sec

100 g/4 oz de champignons, coupés en quartiers

2,5 ml/¬Ω cuillère à café de curcuma

6 poivrons jaunes coupés en deux

5 ml/1 cuillère à café de sauce soja

jus de citron

sel et poivre

4 feuilles de laitue croustillantes

Coupez la poitrine de poulet en diagonale dans le sens du grain en fines lanières. Saupoudrer de poudre aux cinq épices et enrober légèrement de farine. Faites chauffer 15 ml/1 cuillère à soupe d'huile et faites frire le poulet jusqu'à ce qu'il soit doré. Retirer de la poêle. Faites chauffer un peu plus d'huile et faites revenir l'oignon, l'ail, le gingembre et les noix de cajou pendant 1 minute. Ajoutez le miel et remuez jusqu'à ce que les légumes soient enrobés. Saupoudrer de farine et ajouter le vin ou le xérès. Ajoutez les champignons, le safran et le poivre et laissez cuire 1 minute. Ajouter le poulet, la sauce soja, la moitié du jus de citron, le sel et le poivre et faire chauffer. Retirer de la poêle et réserver au chaud. Faites chauffer un peu plus d'huile d'olive, ajoutez les feuilles de laitue et faites revenir rapidement en assaisonnant avec du sel, du poivre et le reste du jus de citron vert. Disposez les feuilles de laitue sur une assiette chauffée, répartissez la viande et les légumes dessus et servez.

Poulet et Jambon

Pour 4 personnes

225 g/8 oz de poulet, tranché très finement
75 ml/5 cuillères à soupe de sauce soja
15 ml/1 cuillère à soupe de vin de riz ou de xérès sec
15 ml/1 cuillère à soupe de cassonade
5 ml/1 cuillère à café de racine de gingembre hachée
1 gousse d'ail, écrasée
225 g/8 oz de jambon cuit, en cubes
30 ml/2 cuillères à soupe de miel

Placez le poulet dans un bol avec 45 ml/3 cuillères à soupe de sauce soja, du vin ou du xérès, du sucre, du gingembre et de l'ail. Laisser mariner 3 heures. Enfilez le poulet et le jambon sur les brochettes de kebab. Mélangez le reste de la sauce soja avec le miel et badigeonnez les brochettes. Faire griller (griller) sur un gril chaud pendant environ 10 minutes, en les retournant fréquemment et en les badigeonnant de glaçage pendant la cuisson.

Foies De Poulet Grillés

Pour 4 personnes

450 g/1 livre de foie de poulet

45 ml/3 cuillères à soupe de sauce soja

15 ml/1 cuillère à soupe de vin de riz ou de xérès sec

15 ml/1 cuillère à soupe de cassonade

5 ml/1 cuillère à café de sel

5 ml/1 cuillère à café de racine de gingembre hachée

1 gousse d'ail, écrasée

Cuire les foies de poulet dans l'eau bouillante pendant 2 minutes et bien les égoutter. Placer dans un bol avec tous les ingrédients restants sauf l'huile et laisser mariner environ 3 heures. Enfilez les foies de poulet sur les brochettes de kebab et faites-les griller sur un gril chaud pendant environ 8 minutes jusqu'à ce qu'ils soient dorés.

Boulettes de crabe aux châtaignes d'eau

Pour 4 personnes

450 g/1 livre de chair de crabe, hachée

100 g de châtaignes d'eau hachées

1 gousse d'ail, écrasée

1 cm/¬Ω racine de gingembre tranchée, hachée

45 ml/3 cuillères à soupe de farine de maïs (amidon de maïs)

30 ml/2 cuillères à soupe de sauce soja

15 ml/1 cuillère à soupe de vin de riz ou de xérès sec

5 ml/1 cuillère à café de sel

5 ml/1 cuillère à café de sucre

3 oeufs battus

huile de friture

Mélangez tous les ingrédients, sauf l'huile, et formez des boules. Faites chauffer l'huile et faites frire les boulettes de crabe jusqu'à ce qu'elles soient dorées. Bien égoutter avant de servir.

Dim-Sum

Pour 4 personnes

100 g/4 oz de crevettes décortiquées, hachées

225 g/8 oz de porc maigre, finement haché

50 g de chou chinois finement haché

3 ciboulette (ciboulette), hachée

1 œuf battu

30 ml/2 cuillères à soupe de farine de maïs (amidon de maïs)

10 ml/2 cuillères à café de sauce soja

5 ml/1 cuillère à café d'huile de sésame

5 ml/1 cuillère à café de sauce aux huîtres

24 peaux de wonton

huile de friture

Mélangez les crevettes, le porc, le chou et les oignons verts. Mélanger l'œuf, la farine de maïs, la sauce soja, l'huile de sésame et la sauce d'huître. Placez des cuillerées du mélange au centre de chaque peau de wonton. Appuyez doucement sur les emballages autour de la garniture, en sertissant les bords mais en laissant le dessus ouvert. Faites chauffer l'huile et faites frire les dim sums quelques-unes à la fois jusqu'à ce qu'elles soient dorées. Bien égoutter et servir chaud.

Rouleaux de jambon et de poulet

Pour 4 personnes

2 poitrines de poulet

1 gousse d'ail, écrasée

2,5 ml/¬Ω cuillère à café de sel

2,5 ml/¬Ω cuillère à café de poudre aux cinq épices

4 tranches de jambon cuit

1 œuf battu

30 ml/2 cuillères à soupe de lait

25 g/1 oz/ième tasse de farine tout usage

4 peaux de nems

huile de friture

Coupez les poitrines de poulet en deux. Broyez-les jusqu'à ce qu'ils soient très fins. Mélangez l'ail, le sel et la poudre aux cinq épices et saupoudrez sur le poulet. Placez une tranche de jambon sur chaque morceau de poulet et roulez-les bien. Mélangez l'œuf et le lait. Enrober légèrement les morceaux de poulet de farine et les tremper dans le mélange d'œufs. Placer chaque morceau sur une peau de nem et badigeonner les bords d'œuf battu. Replier les côtés et rouler en pinçant les bords pour sceller. Faites chauffer l'huile et faites frire les petits pains pendant environ 5 minutes jusqu'à ce qu'ils soient dorés.

brunir et cuire. Égoutter sur du papier absorbant et couper en tranches épaisses en diagonale pour servir.

Recettes de jambon au four

Pour 4 personnes

350 g/12 oz/3 tasses de farine nature (tout usage)
175 g/6 oz/¬œ tasse de beurre
120 ml/4 fl oz/¬Ω tasse d'eau
225 g/8 oz de jambon, haché
100 g/4 oz de pousses de bambou, hachées
2 ciboulette (ciboulette), hachée
15 ml/1 cuillère à soupe de sauce soja
30 ml/2 cuillères à soupe de graines de sésame

Mettez la farine dans un bol et mélangez-la au beurre. Mélangez l'eau pour former une pâte. Étalez la pâte et coupez-la en cercles de 5 cm/2. Mélanger tous les ingrédients restants sauf les graines de sésame et verser dans chaque cercle. Badigeonner les bords de la pâte d'eau et sceller. Badigeonner l'extérieur d'eau et saupoudrer de graines de sésame. Cuire au four préchauffé à 180 ¬∞C/350 ¬∞F/thermostat 4 pendant 30 minutes.

Poisson pseudo-fumé

Pour 4 personnes

1 bar

3 tranches de racine de gingembre, tranchées

1 gousse d'ail, écrasée

1 oignon vert (oignon vert), tranché épaisse

75 ml/5 cuillères à soupe de sauce soja

30 ml/2 cuillères à soupe de vin de riz ou de xérès sec

2,5 ml/¬Ω cuillère à café d'anis moulu

2,5 ml/¬Ω cuillère à café d'huile de sésame

10 ml/2 cuillères à café de sucre

120 ml/4 fl oz/¬Ω tasse de bouillon

huile de friture

5 ml/1 cuillère à café de farine de maïs (amidon de maïs)

Parez le poisson et coupez-le en tranches de 5 mm (¬° po) dans le sens contraire du grain. Mélangez le gingembre, l'ail, la ciboulette, 60 ml/4 cuillères à soupe de sauce soja, le xérès, l'anis et l'huile de sésame. Versez sur le poisson et mélangez délicatement. Laissez reposer 2 heures en retournant de temps en temps.

Égoutter la marinade dans une casserole et sécher le poisson sur du papier absorbant. Ajouter le sucre, le bouillon et le reste de la sauce soja.

marinade, porter à ébullition et cuire 1 minute. Si la sauce a besoin d'épaissir, mélangez la maïzena avec un peu d'eau froide, incorporez-la à la sauce et faites cuire en remuant jusqu'à ce que la sauce épaississe.

Pendant ce temps, faites chauffer l'huile et faites frire le poisson jusqu'à ce qu'il soit doré. Sèche bien. Trempez les morceaux de poisson dans la marinade et disposez-les sur une assiette de service chaude. Servir chaud ou froid.

Champignons farcis

Pour 4 personnes

12 gros chapeaux de champignons séchés
225 g de chair de crabe
3 châtaignes d'eau hachées
2 ciboulette (ciboulette), finement hachée
1 blanc d'oeuf
15 ml/1 cuillère à soupe de farine de maïs (amidon de maïs)
15 ml/1 cuillère à soupe de sauce soja
15 ml/1 cuillère à soupe de vin de riz ou de xérès sec

Faire tremper les champignons dans l'eau tiède toute la nuit. Essorez-le. Mélangez le reste des ingrédients et utilisez-le pour remplir les chapeaux de champignons. Disposez sur une assiette et faites cuire à la vapeur pendant 40 minutes. Servir chaud.

Champignons à la sauce aux huîtres

Pour 4 personnes

10 champignons chinois séchés
250 ml/8 fl oz/1 tasse de bouillon de bœuf
15 ml/1 cuillère à soupe de farine de maïs (amidon de maïs)
30 ml/2 cuillères à soupe de sauce aux huîtres
5 ml/1 cuillère à café de vin de riz ou de xérès sec

Faire tremper les champignons dans l'eau tiède pendant 30 minutes et égoutter en réservant 250 ml/8 fl oz/1 tasse de liquide de trempage. Jetez les tiges. Mélangez 60 ml/4 cuillères à soupe de bouillon de viande avec la farine de maïs jusqu'à obtenir une pâte. Faire bouillir le reste du bouillon de viande avec les champignons et le liquide des champignons, couvrir et laisser mijoter 20 minutes. Retirez les champignons du liquide avec une écumoire et placez-les sur une assiette de service chaude. Ajouter la sauce aux huîtres et le xérès dans la poêle et cuire en remuant pendant 2 minutes. Incorporer la pâte de semoule de maïs et cuire en remuant jusqu'à ce que la sauce épaississe. Versez sur les champignons et servez aussitôt.

Rouleaux de porc et de laitue

Pour 4 personnes

4 champignons chinois séchés
15 ml/1 cuillère à soupe d'huile d'arachide
225 g/8 oz de porc maigre, haché
100 g/4 oz de pousses de bambou, hachées
100 g de châtaignes d'eau hachées
4 oignons verts (ciboulette), hachés
175 g/6 oz de chair de crabe, en flocons
30 ml/2 cuillères à soupe de vin de riz ou de xérès sec
15 ml/1 cuillère à soupe de sauce soja
10 ml/2 cuillères à café de sauce aux huîtres
10 ml/2 cuillères à café d'huile de sésame
9 feuilles chinoises

Faites tremper les champignons dans l'eau tiède pendant 30 minutes et égouttez-les. Jetez les tiges et hachez le dessus. Faites chauffer l'huile et faites revenir le porc pendant 5 minutes. Ajoutez les champignons, les pousses de bambou, les châtaignes d'eau, les oignons verts et la chair de crabe et faites revenir 2 minutes. Mélangez le vin ou le xérès, la sauce soja, la sauce aux huîtres et l'huile de sésame et mélangez dans la poêle. Retirer du feu. Pendant ce temps, blanchissez les feuilles de chinois dans l'eau bouillante pendant 1 minute puis

vidange. Placer des cuillerées de mélange de porc au centre de chaque feuille, replier les côtés et rouler pour servir.

Boulettes de porc et châtaignes

Pour 4 personnes

450 g/1 lb de porc haché (haché)

50 g de champignons finement hachés

50 g de châtaignes d'eau finement hachées

1 gousse d'ail, écrasée

1 œuf battu

30 ml/2 cuillères à soupe de sauce soja

15 ml/1 cuillère à soupe de vin de riz ou de xérès sec

5 ml/1 cuillère à café de racine de gingembre hachée

5 ml/1 cuillère à café de sucre

sel

30 ml/2 cuillères à soupe de farine de maïs (amidon de maïs)

huile de friture

Mélangez tous les ingrédients, sauf la farine de maïs, et façonnez le mélange en petites boules. Rouler dans la farine de maïs. Faites chauffer l'huile et faites frire les boulettes de viande pendant environ 10 minutes jusqu'à ce qu'elles soient dorées. Bien égoutter avant de servir.

Dumplings au porc

Pour 4 à 6 personnes

450 g/1 lb de farine nature (tout usage)

500 ml/17 fl oz/2 tasses d'eau

450 g/1 lb de porc cuit, haché

225 g/8 oz de crevettes décortiquées, hachées

4 branches de céleri, hachées

15 ml/1 cuillère à soupe de sauce soja

15 ml/1 cuillère à soupe de vin de riz ou de xérès sec

15 ml/1 cuillère à soupe d'huile de sésame

5 ml/1 cuillère à café de sel

2 ciboulette (ciboulette), finement hachée

2 gousses d'ail, écrasées

1 tranche de racine de gingembre, hachée

Mélangez la farine et l'eau jusqu'à obtenir une pâte molle et pétrissez bien. Couvrir et laisser reposer 10 minutes. Étalez la pâte le plus finement possible et coupez-la en cercles de 5 cm/2. Mélangez tous les ingrédients restants. Déposez des cuillerées du mélange sur chaque cercle, humidifiez les bords et refermez en demi-cercle. Faites bouillir une casserole d'eau et placez délicatement les boulettes dans l'eau.

Galettes de porc et de veau

Pour 4 personnes

100 g/4 oz de porc haché (haché)

100 g/4 oz de veau haché (haché)

1 tranche de bacon entrelacé, haché (moulu)

15 ml/1 cuillère à soupe de sauce soja

sel et poivre

1 œuf battu

30 ml/2 cuillères à soupe de farine de maïs (amidon de maïs)

huile de friture

Mélangez la viande hachée et le bacon et assaisonnez de sel et de poivre. Mélangez avec l'œuf, formez des boules de la taille d'une noix et saupoudrez de farine de maïs. Faites chauffer l'huile et faites-la frire jusqu'à ce qu'elle soit dorée. Bien égoutter avant de servir.

crevette papillon

Pour 4 personnes

450 g de grosses crevettes décortiquées
15 ml/1 cuillère à soupe de sauce soja
5 ml/1 cuillère à café de vin de riz ou de xérès sec
5 ml/1 cuillère à café de racine de gingembre hachée
2,5 ml/½ cuillère à café de sel
2 oeufs, battus
30 ml/2 cuillères à soupe de farine de maïs (amidon de maïs)
15 ml/1 cuillère à soupe de farine nature (tout usage)
huile de friture

Coupez les crevettes à mi-hauteur du dos et étalez-les pour former un papillon. Mélangez la sauce soja, le vin ou le xérès, le gingembre et le sel. Versez sur les crevettes et laissez mariner 30 minutes. Retirer de la marinade et sécher. Battez l'œuf avec la semoule de maïs et la farine jusqu'à obtenir une pâte et trempez les crevettes dans la pâte. Faites chauffer l'huile et faites frire les crevettes jusqu'à ce qu'elles soient dorées. Bien égoutter avant de servir.

Cameroun chinois

Pour 4 personnes

450 g de crevettes décortiquées
30 ml/2 cuillères à soupe de sauce Worcestershire
15 ml/1 cuillère à soupe de sauce soja
15 ml/1 cuillère à soupe de vin de riz ou de xérès sec
15 ml/1 cuillère à soupe de cassonade

Placez les crevettes dans un bol. Mélanger le reste des ingrédients, verser sur les crevettes et laisser mariner 30 minutes. Transférer sur une plaque à pâtisserie et cuire au four préchauffé à 150 °C/300 °F/thermostat 2 pendant 25 minutes. Servir chaud ou froid dans les coquilles pour que les invités les épluchent.

Crackers aux crevettes

Pour 4 personnes

100 g de crackers aux crevettes
huile de friture

Faites chauffer l'huile jusqu'à ce qu'elle soit très chaude. Ajoutez une poignée de craquelins de crevettes à la fois et faites frire pendant quelques secondes jusqu'à ce qu'ils soient gonflés. Retirer de l'huile et égoutter sur du papier absorbant pendant que vous continuez à faire frire les biscuits.

Crevettes croustillantes

Pour 4 personnes

450 g de crevettes tigrées décortiquées

15 ml/1 cuillère à soupe de vin de riz ou de xérès sec

10 ml/2 cuillères à café de sauce soja

5 ml/1 cuillère à café de poudre aux cinq épices

sel et poivre

90 ml/6 cuillères à soupe de farine de maïs (amidon de maïs)

2 oeufs, battus

100 g de chapelure

huile d'arachide pour la friture

Mélangez les crevettes avec le vin ou le xérès, la sauce soja et la poudre de cinq épices et assaisonnez de sel et de poivre. Trempez-les dans la farine de maïs et enrobez-les d'œuf battu et de chapelure. Faire frire dans l'huile chaude pendant quelques minutes jusqu'à ce qu'ils soient légèrement dorés, égoutter et servir immédiatement.

Crevettes sauce gingembre

Pour 4 personnes

15 ml/1 cuillère à soupe de sauce soja
5 ml/1 cuillère à café de vin de riz ou de xérès sec
5 ml/1 cuillère à café d'huile de sésame
450 g de crevettes décortiquées
30 ml/2 cuillères à soupe de persil frais haché
15 ml/1 cuillère à soupe de vinaigre de vin
5 ml/1 cuillère à café de racine de gingembre hachée

Mélangez la sauce soja, le vin ou le xérès et l'huile de sésame. Verser sur les crevettes, couvrir et laisser mariner 30 minutes. Griller les crevettes quelques minutes jusqu'à ce qu'elles soient cuites, en les arrosant de marinade. Pendant ce temps, mélangez le persil, le vinaigre de vin et le gingembre pour accompagner les crevettes.

Rouleaux de crevettes et de pâtes

Pour 4 personnes

50 g/2 oz de nouilles aux œufs, cassées en morceaux

15 ml/1 cuillère à soupe d'huile d'arachide

50 g/2 oz de porc maigre, finement haché

100 g/4 oz de champignons, hachés

3 ciboulette (ciboulette), hachée

100 g/4 oz de crevettes décortiquées, hachées

15 ml/1 cuillère à soupe de vin de riz ou de xérès sec

sel et poivre

24 peaux de wonton

1 œuf battu

huile de friture

Faites cuire les pâtes dans l'eau bouillante pendant 5 minutes, égouttez-les et hachez-les. Faites chauffer l'huile et faites revenir le porc pendant 4 minutes. Ajouter les champignons et les oignons, faire revenir pendant 2 minutes et retirer du feu. Mélangez les crevettes, le vin ou le xérès et les pâtes et assaisonnez au goût avec du sel et du poivre. Placer des cuillerées du mélange au centre de chaque peau de wonton et badigeonner les bords d'œuf battu. Pliez les bords et roulez les paquets en scellant les bords. Faites chauffer l'huile et faites frire les petits pains.

quelques-uns à la fois pendant environ 5 minutes jusqu'à ce qu'ils soient dorés. Égoutter sur du papier absorbant avant de servir.

Toast aux crevettes

Pour 4 personnes

2 œufs 450 g/1 livre de crevettes décortiquées, hachées
15 ml/1 cuillère à soupe de farine de maïs (amidon de maïs)
1 oignon, finement haché
30 ml/2 cuillères à soupe de sauce soja
15 ml/1 cuillère à soupe de vin de riz ou de xérès sec
5 ml/1 cuillère à café de sel
5 ml/1 cuillère à café de racine de gingembre hachée
8 tranches de pain coupées en triangles
huile de friture

Mélangez 1 œuf avec tous les autres ingrédients sauf le pain et l'huile. Versez le mélange dans les triangles de pain et pressez en forme de dôme. Badigeonner avec le reste de l'œuf. Faites chauffer environ 5 cm d'huile et faites frire les triangles de pain jusqu'à ce qu'ils soient dorés. Bien égoutter avant de servir.

Wontons de porc et crevettes avec sauce aigre-douce

Pour 4 personnes

120 ml/4 fl oz/½ tasse d'eau

60 ml/4 cuillères à soupe de vinaigre de vin

60 ml/4 cuillères à soupe de cassonade

30 ml/2 cuillères à soupe de purée de tomates (pâte)

10 ml/2 cuillères à café de farine de maïs (amidon de maïs)

25 g/1 oz de champignons, hachés

25 g/1 oz de crevettes décortiquées, hachées

50 g/2 oz de porc maigre, haché

2 ciboulette (ciboulette), hachée

5 ml/1 cuillère à café de sauce soja

2,5 ml/½ cuillère à café de racine de gingembre râpée

1 gousse d'ail, écrasée

24 peaux de wonton

huile de friture

Mélangez l'eau, le vinaigre de vin, le sucre, la purée de tomates et la semoule de maïs dans une petite casserole. Porter à ébullition en remuant constamment et cuire 1 minute. Retirer du feu et réserver au chaud.

Mélangez les champignons, les crevettes, le porc, les oignons verts, la sauce soja, le gingembre et l'ail. Déposer des cuillerées de farce sur chaque peau, badigeonner les bords avec de l'eau et presser pour sceller. Faites chauffer l'huile et faites frire les wontons quelques-uns à la fois jusqu'à ce qu'ils soient dorés. Égoutter sur du papier absorbant et servir chaud avec une sauce aigre-douce.

Bouillon de poulet

Donne 2 litres/3½ pts/8½ tasses

1,5 kg/2 lb d'os de poulet cuits ou crus

450 g/1 livre d'os de porc

1 cm/½ morceau de racine de gingembre

3 oignons verts (oignons verts), tranchés

1 gousse d'ail, écrasée

5 ml/1 cuillère à café de sel

2,25 litres/4 pts/10 tasses d'eau

Portez tous les ingrédients à ébullition, couvrez et laissez cuire 15 minutes. Retirez toute graisse. Couvrir et cuire 1h30. Filtrer, laisser refroidir et égoutter. Congeler en petites quantités ou conserver au réfrigérateur et utiliser dans les 2 jours.

Soupe aux germes de soja et au porc

Pour 4 personnes

450 g/1 livre de porc, en cubes

1,5 l/2½ pts/6 tasses de bouillon de poulet

5 tranches de racine de gingembre

350 g/12 oz de germes de soja

15 ml/1 cuillère à soupe de sel

Blanchir le porc dans l'eau bouillante pendant 10 minutes et l'égoutter. Portez le bouillon à ébullition et ajoutez le porc et le gingembre. Couvrir et cuire 50 minutes. Ajoutez les germes de soja et le sel et laissez cuire 20 minutes.

Soupe aux ormeaux et aux champignons

Pour 4 personnes

60 ml/4 cuillères à soupe d'huile d'arachide (cacahuète)

100 g/4 oz de porc maigre, coupé en lanières

225 g/8 oz d'ormeau en conserve, coupé en lanières

100 g/4 oz de champignons, tranchés

2 branches de céleri, tranchées

50 g de jambon coupé en lanières

2 oignons, tranchés

1,5 l/2½ pts/6 tasses d'eau

30 ml/2 cuillères à soupe de vinaigre de vin

45 ml/3 cuillères à soupe de sauce soja

2 tranches de racine de gingembre, hachées

sel et poivre fraîchement moulu

15 ml/1 cuillère à soupe de farine de maïs (amidon de maïs)

45 ml/3 cuillères à soupe d'eau

Faites chauffer l'huile et faites revenir le porc, les ormeaux, les champignons, le céleri, le jambon et l'oignon pendant 8 minutes. Ajoutez l'eau et le vinaigre de vin, portez à ébullition, couvrez et laissez cuire 20 minutes. Ajouter la sauce soja, le gingembre, le sel et le poivre. Mélangez la farine de maïs jusqu'à ce qu'elle forme une pâte avec le

l'eau, incorporer à la soupe et cuire en remuant pendant 5 minutes jusqu'à ce que la soupe soit claire et épaissie.

Soupe au poulet et asperges

Pour 4 personnes

100 g/4 oz de poulet, râpé

2 blancs d'œufs

2,5 ml/½ cuillère à café de sel

30 ml/2 cuillères à soupe de farine de maïs (amidon de maïs)

225 g/8 oz d'asperges, coupées en morceaux de 5 cm/2

100 g/4 oz de germes de soja

1,5 l/2½ pts/6 tasses de bouillon de poulet

100 g de champignons de Paris

Mélangez le poulet avec les blancs d'œufs, le sel et la farine de maïs et laissez reposer 30 minutes. Cuire le poulet dans l'eau bouillante pendant environ 10 minutes jusqu'à ce qu'il soit bien cuit et bien égoutter. Blanchir les asperges dans l'eau bouillante pendant 2 minutes et égoutter. Blanchir les germes de soja dans l'eau bouillante pendant 3 minutes et égoutter. Versez le bouillon dans une grande casserole et ajoutez le poulet, les asperges, les champignons et les germes de soja. Porter à ébullition et assaisonner avec du sel. Cuire quelques minutes pour laisser les saveurs se développer et jusqu'à ce que les légumes soient tendres mais toujours croquants.

Soupe à la viande

Pour 4 personnes

225 g/8 oz de bœuf haché (haché)
15 ml/1 cuillère à soupe de sauce soja
15 ml/1 cuillère à soupe de vin de riz ou de xérès sec
15 ml/1 cuillère à soupe de farine de maïs (amidon de maïs)
1,2 l/2 pts/5 tasses de bouillon de poulet
5 ml/1 cuillère à café de sauce au piment fort
sel et poivre
2 oeufs, battus
6 ciboulette (ciboulette), hachée

Mélangez la viande avec la sauce soja, le vin ou le xérès et la semoule de maïs. Ajouter au bouillon et porter lentement à ébullition en remuant. Ajouter la sauce au poivre et assaisonner au goût avec du sel et du poivre, couvrir et cuire environ 10 minutes en remuant de temps en temps. Ajouter les œufs et servir parsemé de ciboulette.

Soupe chinoise au bœuf et aux feuilles

Pour 4 personnes

200 g/7 oz de bœuf maigre, coupé en lanières
15 ml/1 cuillère à soupe de sauce soja
15 ml/1 cuillère à soupe d'huile d'arachide
1,5 l/2½ pts/6 tasses de bouillon de bœuf
5 ml/1 cuillère à café de sel
2,5 ml/½ cuillère à café de sucre
½ tête de feuilles chinoises coupées en morceaux

Mélangez la viande avec la sauce soja et l'huile et laissez mariner 30 minutes en remuant de temps en temps. Portez à ébullition le bouillon avec le sel et le sucre, ajoutez les feuilles de chinois et laissez cuire environ 10 minutes jusqu'à ce qu'elles soient presque cuites. Ajouter la viande et faire revenir encore 5 minutes.

Soupe aux choux

Pour 4 personnes

60 ml/4 cuillères à soupe d'huile d'arachide (cacahuète)

2 oignons, hachés

100 g/4 oz de porc maigre, coupé en lanières

225 g/8 oz de chou chinois, haché

10 ml/2 cuillères à café de sucre

1,2 l/2 pts/5 tasses de bouillon de poulet

45 ml/3 cuillères à soupe de sauce soja

sel et poivre

15 ml/1 cuillère à soupe de farine de maïs (amidon de maïs)

Faites chauffer l'huile et faites revenir l'oignon et le porc jusqu'à ce qu'ils soient légèrement dorés. Ajoutez le chou et le sucre et faites revenir 5 minutes. Ajouter le bouillon et la sauce soja et assaisonner au goût avec du sel et du poivre. Portez à ébullition, couvrez et laissez mijoter doucement pendant 20 minutes. Mélangez la maïzena avec un peu d'eau, incorporez-la à la soupe et faites cuire en remuant jusqu'à ce que la soupe épaississe et clair.

Soupe épicée au bœuf

Pour 4 personnes

45 ml/3 cuillères à soupe d'huile d'arachide (cacahuète)

1 gousse d'ail, écrasée

5 ml/1 cuillère à café de sel

225 g/8 oz de bœuf haché (haché)

6 oignons nouveaux (ciboulette), coupés en lanières

1 poivron rouge, coupé en lanières

1 poivron vert, coupé en lanières

225 g/8 oz de chou, haché

1 l/1¾ pts/4¼ tasses de bouillon de bœuf

30 ml/2 cuillères à soupe de sauce aux prunes

30 ml/2 cuillères à soupe de sauce hoisin

45 ml/3 cuillères à soupe de sauce soja

2 morceaux de tige de gingembre hachée

2 oeufs

5 ml/1 cuillère à café d'huile de sésame

225 g de pâtes claires, trempées

Faites chauffer l'huile d'olive et faites revenir l'ail et le sel jusqu'à ce qu'ils soient légèrement dorés. Ajoutez la viande et faites-la dorer rapidement. Ajouter les légumes et faire revenir jusqu'à ce qu'ils soient translucides. Ajouter le bouillon, la sauce aux prunes, la sauce hoisin, 30 ml/2

cuillères à soupe de sauce soja et de gingembre, porter à ébullition et cuire 10 minutes. Battez les œufs avec l'huile de sésame et le reste de sauce soja. Ajouter à la soupe avec les nouilles et cuire en remuant jusqu'à ce que les œufs forment des fils et que les nouilles soient tendres.

Soupe céleste

Pour 4 personnes

2 ciboulette (ciboulette), hachée

1 gousse d'ail, écrasée

30 ml/2 cuillères à soupe de persil frais haché

5 ml/1 cuillère à café de sel

15 ml/1 cuillère à soupe d'huile d'arachide

30 ml/2 cuillères à soupe de sauce soja

1,5 l/2½ pts/6 tasses d'eau

Mélangez la ciboulette, l'ail, le persil, le sel, l'huile et la sauce soja. Portez l'eau à ébullition, versez dessus le mélange de ciboulette et laissez reposer 3 minutes.

Soupe au poulet et bambou

Pour 4 personnes

2 cuisses de poulet

30 ml/2 cuillères à soupe d'huile d'arachide (cacahuète)

5 ml/1 cuillère à café de vin de riz ou de xérès sec

1,5 l/2½ pts/6 tasses de bouillon de poulet

3 ciboulette, tranchée

100 g/4 oz de pousses de bambou, coupées en morceaux

5 ml/1 cuillère à café de racine de gingembre hachée

sel

Désossez le poulet et coupez la viande en morceaux. Faites chauffer l'huile et faites frire le poulet jusqu'à ce qu'il soit scellé de tous les côtés. Ajouter le bouillon, les oignons verts, les pousses de bambou et le gingembre, porter à ébullition et cuire environ 20 minutes jusqu'à ce que le poulet soit tendre. Assaisonner au goût avec du sel avant de servir.

Soupe au poulet et au maïs

Pour 4 personnes

1 l/1¾ pts/4¼ tasses de bouillon de poulet

100 g/4 oz de poulet, haché

200 g/7 oz de maïs sucré en crème

tranche de jambon, hachée

des œufs battus

15 ml/1 cuillère à soupe de vin de riz ou de xérès sec

Portez à ébullition le bouillon et le poulet, couvrez et laissez mijoter 15 minutes. Ajouter le maïs et le jambon, couvrir et cuire 5 minutes. Ajoutez les œufs et le xérès en remuant lentement avec une baguette pour que les œufs forment des fils. Retirer du feu, couvrir et laisser reposer 3 minutes avant de servir.

Soupe au poulet et au gingembre

Pour 4 personnes

4 champignons chinois séchés

1,5 l/2½ pts/6 tasses d'eau ou de bouillon de poulet

225 g/8 oz de viande de poulet, coupée en cubes

10 tranches de racine de gingembre

5 ml/1 cuillère à café de vin de riz ou de xérès sec

sel

Faites tremper les champignons dans l'eau tiède pendant 30 minutes et égouttez-les. Jetez les tiges. Portez l'eau ou le bouillon à ébullition avec le reste des ingrédients et laissez mijoter lentement pendant environ 20 minutes jusqu'à ce que le poulet soit bien cuit.

Soupe de poulet aux champignons chinois

Pour 4 personnes

25 g/1 oz de champignons chinois séchés
100 g/4 oz de poulet, râpé
50 g/2 oz de pousses de bambou, hachées
30 ml/2 cuillères à soupe de sauce soja
30 ml/2 cuillères à soupe de vin de riz ou de xérès sec
1,2 l/2 pts/5 tasses de bouillon de poulet

Faites tremper les champignons dans l'eau tiède pendant 30 minutes et égouttez-les. Jetez les tiges et coupez les sommets. Blanchir les champignons, le poulet et les pousses de bambou dans l'eau bouillante pendant 30 secondes et égoutter. Placez-les dans un bol et incorporez la sauce soja et le vin ou le xérès. Laisser mariner 1 heure. Faire bouillir le bouillon, ajouter le mélange de poulet et la marinade. Bien mélanger et cuire quelques minutes jusqu'à ce que le poulet soit bien cuit.

Soupe au poulet et riz

Pour 4 personnes

1 l/1¾ pts/4¼ tasses de bouillon de poulet

225 g/8 oz/1 tasse de riz à grains longs cuit

100 g/4 oz de poulet cuit, coupé en lanières

1 oignon, coupé en quartiers

5 ml/1 cuillère à café de sauce soja

Chauffer doucement tous les ingrédients jusqu'à ce qu'ils soient chauds sans laisser bouillir la soupe.

Soupe au poulet et à la noix de coco

Pour 4 personnes

350 g/12 oz de poitrine de poulet

sel

10 ml/2 cuillères à café de farine de maïs (amidon de maïs)

30 ml/2 cuillères à soupe d'huile d'arachide (cacahuète)

1 poivron vert, haché

1 l/1¾ pts/4¼ tasses de lait de coco

5 ml/1 cuillère à café de zeste de citron râpé

12 litchis

pincée de muscade râpée

sel et poivre fraîchement moulu

2 feuilles de mélisse

Coupez la poitrine de poulet en diagonale dans le sens du grain en lanières. Saupoudrer de sel et enrober de semoule de maïs. Faites chauffer 10 ml/2 cuillères à café d'huile dans un wok, remuez et versez. Répétez une fois de plus. Faites chauffer le reste de l'huile et faites revenir le poulet et le poivre pendant 1 minute. Ajoutez le lait de coco et portez à ébullition. Ajoutez le zeste de citron et laissez cuire 5 minutes. Ajouter les litchis, assaisonner de muscade, saler et poivrer et servir garni de mélisse.

Soupe aux palourdes

Pour 4 personnes

2 champignons chinois séchés
12 palourdes, trempées et lavées
1,5 l/2½ pts/6 tasses de bouillon de poulet
50 g/2 oz de pousses de bambou, hachées
50 g/2 oz de mangetout (pois), coupés en deux
2 oignons nouveaux (oignons verts), coupés en rondelles
15 ml/1 cuillère à soupe de vin de riz ou de xérès sec
pincée de poivre fraîchement moulu

Faites tremper les champignons dans l'eau tiède pendant 30 minutes et égouttez-les. Jetez les tiges et coupez le dessus en deux. Faites cuire les palourdes à la vapeur pendant environ 5 minutes jusqu'à ce qu'elles s'ouvrent. jetez ceux qui restent fermés. Retirez les palourdes de leur coquille. Portez le bouillon à ébullition et ajoutez les champignons, les pousses de bambou, le mangetout et les oignons verts. Cuire à découvert pendant 2 minutes. Ajouter les palourdes, le vin ou le xérès et le poivre et cuire jusqu'à ce qu'ils soient bien chauds.

Soupe aux Oeufs

Pour 4 personnes

1,2 l/2 pts/5 tasses de bouillon de poulet

3 oeufs battus

45 ml/3 cuillères à soupe de sauce soja

sel et poivre fraîchement moulu

4 oignons verts (oignons verts), tranchés

Portez le bouillon à ébullition. Incorporez progressivement les œufs battus pour qu'ils se séparent en brins. Ajouter la sauce soja et assaisonner au goût avec du sel et du poivre. Servir garni de ciboulette.

Soupe de crabe et pétoncles

Pour 4 personnes

4 champignons chinois séchés

15 ml/1 cuillère à soupe d'huile d'arachide

1 œuf battu

1,5 l/2½ pts/6 tasses de bouillon de poulet

175 g/6 oz de chair de crabe, en flocons

100 g/4 oz de pétoncles décortiqués, tranchés

100 g/4 oz de pousses de bambou, tranchées

2 ciboulette (ciboulette), hachée

1 tranche de racine de gingembre, hachée

quelques crevettes bouillies et décortiquées (facultatif)

45 ml/3 cuillères à soupe de farine de maïs (amidon de maïs)

90 ml/6 cuillères à soupe d'eau

30 ml/2 cuillères à soupe de vin de riz ou de xérès sec

20 ml/4 cuillères à café de sauce soja

2 blancs d'œufs

Faites tremper les champignons dans l'eau tiède pendant 30 minutes et égouttez-les. Jetez les tiges et coupez le dessus en fines tranches. Faites chauffer l'huile, ajoutez l'œuf et inclinez la poêle pour que l'œuf recouvre le fond. Cuire jusqu'à puis retournez et faites cuire l'autre côté. Retirer de la poêle, rouler et couper en fines lanières.

Faire bouillir le bouillon, ajouter les champignons, les lanières d'œufs, la chair de crabe, les pétoncles, les pousses de bambou, les oignons nouveaux, le gingembre et les crevettes, le cas échéant. Ramenez à ébullition. Mélangez la maïzena avec 60 ml/4 cuillères à soupe d'eau, de vin ou de xérès et de sauce soja et incorporez-la à la soupe. Cuire en remuant jusqu'à ce que la soupe épaississe. Battez les blancs d'œufs avec le reste de l'eau et versez lentement le mélange dans la soupe en remuant vigoureusement.

Soupe de crabe

Pour 4 personnes

90 ml/6 cuillères à soupe d'huile d'arachide
3 oignons, hachés
225 g/8 oz de chair de crabe blanche et brune
1 tranche de racine de gingembre, hachée
1,2 l/2 pts/5 tasses de bouillon de poulet
150 ml/¼pt/tasse de vin de riz ou de xérès sec
45 ml/3 cuillères à soupe de sauce soja
sel et poivre fraîchement moulu

Faites chauffer l'huile et faites revenir les oignons jusqu'à ce qu'ils soient tendres mais pas dorés. Ajoutez la chair de crabe et le gingembre et faites revenir 5 minutes. Ajouter le bouillon, le vin ou le xérès et la sauce soja, assaisonner de sel et de poivre. Portez à ébullition puis laissez cuire 5 minutes.

Soupe de poisson

Pour 4 personnes

225 g de filets de poisson
1 tranche de racine de gingembre, hachée
15 ml/1 cuillère à soupe de vin de riz ou de xérès sec
30 ml/2 cuillères à soupe d'huile d'arachide (cacahuète)
1,5 l/2½ pts/6 tasses de bouillon de poisson

Coupez le poisson en fines lanières à contre-courant. Mélangez le gingembre, le vin ou le xérès et l'huile, ajoutez le poisson et mélangez délicatement. Laisser mariner 30 minutes en retournant de temps en temps. Portez le bouillon à ébullition, ajoutez le poisson et laissez cuire lentement pendant 3 minutes.

Soupe de poisson et de laitue

Pour 4 personnes

225 g de filets de poisson blanc
30 ml/2 cuillères à soupe de farine nature (tout usage)
sel et poivre fraîchement moulu
90 ml/6 cuillères à soupe d'huile d'arachide
6 oignons verts (oignons verts), tranchés
100 g/4 oz de laitue, râpée
1,2 l/2 pts/5 tasses d'eau
10 ml/2 cuillère à café de racine de gingembre finement hachée
150 ml/¼ pt/généreuse ½ tasse de vin de riz ou de xérès sec
30 ml/2 cuillères à soupe de farine de maïs (amidon de maïs)
30 ml/2 cuillères à soupe de persil frais haché
10 ml/2 cuillères à café de jus de citron
30 ml/2 cuillères à soupe de sauce soja

Coupez le poisson en fines lanières et enrobez-le de farine assaisonnée. Faites chauffer l'huile et faites revenir les oignons nouveaux jusqu'à ce qu'ils soient tendres. Ajoutez la laitue et faites frire pendant 2 minutes. Ajouter le poisson et cuire 4 minutes. Ajoutez l'eau, le gingembre et le vin ou le xérès, portez à ébullition, couvrez et laissez cuire 5 minutes. Mélangez la farine de maïs avec un peu d'eau et incorporez-la à la soupe. Cuire en remuant encore 4 minutes jusqu'à ce que la soupe

nettoyer et assaisonner avec du sel et du poivre. Servir saupoudré de persil, de jus de citron et de sauce soja.

Soupe de gingembre aux boulettes

Pour 4 personnes

5 cm/2 po de morceau de racine de gingembre, râpée

350 g de cassonade

1,5 l/2½ pts/7 tasses d'eau

225 g/8 oz/2 tasses de farine de riz

2,5 ml/½ cuillère à café de sel

60 ml/4 cuillères à soupe d'eau

Mettez le gingembre, le sucre et l'eau dans une casserole et faites chauffer en remuant. Couvrir et cuire environ 20 minutes. Filtrez la soupe et remettez-la dans la poêle.

Pendant ce temps, mettez la farine et le sel dans un bol et pétrissez progressivement dans suffisamment d'eau pour obtenir une pâte épaisse. Roulez en petites boules et déposez les raviolis dans la soupe. Remettez la soupe à ébullition, couvrez et laissez cuire encore 6 minutes jusqu'à ce que les raviolis soient bien cuits.

Soupe aigre-piquante

Pour 4 personnes

8 champignons chinois séchés
1 l/1¾ pts/4¼ tasses de bouillon de poulet
100 g/4 oz de poulet, coupé en lanières
100 g/4 oz de pousses de bambou, coupées en lanières
100 g/4 oz de tofu, coupé en lanières
15 ml/1 cuillère à soupe de sauce soja
30 ml/2 cuillères à soupe de vinaigre de vin
30 ml/2 cuillères à soupe de farine de maïs (amidon de maïs)
2 oeufs, battus
quelques gouttes d'huile de sésame

Faites tremper les champignons dans l'eau tiède pendant 30 minutes et égouttez-les. Jetez les tiges et coupez le dessus en lanières. Portez à ébullition les champignons, le bouillon, le poulet, les pousses de bambou et le tofu, couvrez et laissez cuire 10 minutes. Mélangez la sauce soja, le vinaigre de vin et la maïzena jusqu'à obtenir une pâte lisse, incorporez-la à la soupe et laissez cuire 2 minutes jusqu'à ce que la soupe soit translucide. Ajoutez lentement les œufs et l'huile de sésame en remuant avec une baguette. Couvrir et laisser reposer 2 minutes avant de servir.

Soupe aux champignons

Pour 4 personnes

15 champignons chinois séchés
1,5 l/2½ pts/6 tasses de bouillon de poulet
5 ml/1 cuillère à café de sel

Faire tremper les champignons dans l'eau tiède pendant 30 minutes et les égoutter en réservant le liquide. Jetez les tiges et coupez le dessus en deux si elles sont grosses et placez-les dans un grand bol résistant à la chaleur. Placez le bol sur une grille dans un cuiseur vapeur. Portez le bouillon à ébullition, versez-le sur les champignons, couvrez et faites cuire à la vapeur 1 heure dans l'eau bouillante. Assaisonner au goût avec du sel et servir.

Soupe aux champignons et aux choux

Pour 4 personnes

25 g/1 oz de champignons chinois séchés
15 ml/1 cuillère à soupe d'huile d'arachide
50 g/2 oz de feuilles chinoises hachées
15 ml/1 cuillère à soupe de vin de riz ou de xérès sec
15 ml/1 cuillère à soupe de sauce soja
1,2 l/2 pts/5 tasses de bouillon de poulet ou de légumes
sel et poivre fraîchement moulu
5 ml/1 cuillère à café d'huile de sésame

Faites tremper les champignons dans l'eau tiède pendant 30 minutes et égouttez-les. Jetez les tiges et coupez les sommets. Faites chauffer l'huile et faites revenir les champignons et les feuilles chinoises pendant 2 minutes jusqu'à ce qu'ils soient bien enrobés. Ajoutez le vin ou le sherry et la sauce soja et ajoutez le bouillon. Porter à ébullition, assaisonner de sel et de poivre et cuire 5 minutes. Saupoudrer d'huile de sésame avant de servir.

Soupe aux œufs et aux champignons

Pour 4 personnes

1 l/1¾ pts/4¼ tasses de bouillon de poulet

30 ml/2 cuillères à soupe de farine de maïs (amidon de maïs)

100 g/4 oz de champignons, tranchés

1 oignon émincé, finement haché

pincée de sel

3 gouttes d'huile de sésame

2,5 ml/½ cuillère à café de sauce soja

1 œuf battu

Mélangez un peu de bouillon avec la semoule de maïs, puis incorporez tous les ingrédients sauf l'œuf. Portez à ébullition, couvrez et laissez cuire 5 minutes. Ajoutez l'œuf en remuant avec une baguette pour que l'œuf forme des fils. Retirer du feu et laisser reposer 2 minutes avant de servir.

Soupe aux champignons et châtaignes d'eau

Pour 4 personnes

1 l/1¾ pts/4¼ tasses de bouillon de légumes ou d'eau
2 oignons, finement hachés
5 ml/1 cuillère à café de vin de riz ou de xérès sec
30 ml/2 cuillères à soupe de sauce soja
225 g de champignons de Paris
100 g/4 oz de châtaignes d'eau, tranchées
100 g/4 oz de pousses de bambou, tranchées
quelques gouttes d'huile de sésame
2 feuilles de laitue, coupées en morceaux
2 oignons nouveaux (ciboulette), coupés en morceaux

Portez à ébullition l'eau, l'oignon, le vin ou le xérès et la sauce soja, couvrez et laissez mijoter 10 minutes. Ajoutez les champignons, les châtaignes d'eau et les pousses de bambou, couvrez et laissez cuire 5 minutes. Ajouter l'huile de sésame, les feuilles de laitue et la ciboulette, retirer du feu, couvrir et laisser reposer 1 minute avant de servir.

Soupe de porc et champignons

Pour 4 personnes

60 ml/4 cuillères à soupe d'huile d'arachide (cacahuète)

1 gousse d'ail, écrasée

2 oignons, tranchés

225 g/8 oz de porc maigre, coupé en lanières

1 branche de céleri hachée

50 g/2 oz de champignons, tranchés

2 carottes, tranchées

1,2 l/2 pts/5 tasses de bouillon de bœuf

15 ml/1 cuillère à soupe de sauce soja

sel et poivre fraîchement moulu

15 ml/1 cuillère à soupe de farine de maïs (amidon de maïs)

Faites chauffer l'huile d'olive et faites revenir l'ail, l'oignon et le porc jusqu'à ce que les oignons soient tendres et légèrement dorés. Ajoutez le céleri, les champignons et les carottes, couvrez et laissez mijoter lentement 10 minutes. Portez le bouillon à ébullition, ajoutez-le à la poêle avec la sauce soja et assaisonnez au goût avec du sel et du poivre. Mélangez la semoule de maïs avec un peu d'eau, puis incorporez-la dans la poêle et faites cuire en remuant pendant environ 5 minutes.

Soupe de porc et cresson

Pour 4 personnes

1,5 l/2½ pts/6 tasses de bouillon de poulet
100 g/4 oz de porc maigre, coupé en lanières
3 branches de céleri, coupées en diagonale
2 oignons verts (oignons verts), tranchés
1 botte de cresson
5 ml/1 cuillère à café de sel

Portez le bouillon à ébullition, ajoutez le porc et le céleri, couvrez et laissez mijoter 15 minutes. Ajouter les oignons nouveaux, le cresson et le sel et cuire à découvert pendant environ 4 minutes.

Soupe de porc et concombre

Pour 4 personnes

100 g/4 oz de porc maigre, tranché finement
5 ml/1 cuillère à café de farine de maïs (amidon de maïs)
15 ml/1 cuillère à soupe de sauce soja
15 ml/1 cuillère à soupe de vin de riz ou de xérès sec
1 concombre
1,5 l/2½ pts/6 tasses de bouillon de poulet
5 ml/1 cuillère à café de sel

Mélangez le porc, la semoule de maïs, la sauce soja et le vin ou le xérès. Remuer pour enrober le porc. Épluchez le concombre, coupez-le en deux dans le sens de la longueur et retirez les graines. Trancher épaissement. Portez le bouillon à ébullition, ajoutez le porc, couvrez et laissez mijoter 10 minutes. Ajouter le concombre et cuire quelques minutes jusqu'à ce qu'il soit translucide. Ajustez le sel et ajoutez un peu plus de sauce soja, si vous le souhaitez.

Soupe aux boulettes de porc et nouilles

Pour 4 personnes

50 g de nouilles de riz

225 g/8 oz de porc haché (haché)

5 ml/1 cuillère à café de farine de maïs (amidon de maïs)

2,5 ml/½ cuillère à café de sel

30 ml/2 cuillères à soupe d'eau

1,5 l/2½ pts/6 tasses de bouillon de poulet

1 ciboulette (ciboulette), finement hachée

5 ml/1 cuillère à café de sauce soja

Placez les pâtes dans l'eau froide pour les faire tremper pendant que vous préparez les boulettes de viande. Mélangez le porc, la farine de maïs, un peu de sel et d'eau et formez des boules de la taille d'une noix. Portez une casserole d'eau à ébullition, ajoutez les raviolis au porc, couvrez et laissez cuire 5 minutes. Bien égoutter et égoutter les pâtes. Portez le bouillon à ébullition, ajoutez les boulettes de porc et les nouilles, couvrez et laissez cuire 5 minutes. Ajouter les oignons verts, la sauce soja et le reste du sel et cuire encore 2 minutes.

Soupe aux épinards et au tofu

Pour 4 personnes

1,2 l/2 pts/5 tasses de bouillon de poulet

200 g/7 oz de tomates en conserve, égouttées et hachées

225 g/8 oz de tofu, coupé en cubes

225 g/8 oz d'épinards, hachés

30 ml/2 cuillères à soupe de sauce soja

5 ml/1 cuillère à café de cassonade

sel et poivre fraîchement moulu

Portez le bouillon à ébullition, ajoutez les tomates, le tofu et les épinards et remuez délicatement. Remettez sur le feu et laissez cuire 5 minutes. Ajouter la sauce soja et le sucre et assaisonner au goût avec du sel et du poivre. Cuire 1 minute avant de servir.

Soupe de maïs et crabe

Pour 4 personnes

1,2 l/2 pts/5 tasses de bouillon de poulet

200 g/7 oz de maïs sucré

sel et poivre fraîchement moulu

1 œuf battu

200 g/7 oz de chair de crabe, en flocons

3 échalotes hachées

Portez le bouillon à ébullition, ajoutez le maïs sucré assaisonné de sel et de poivre. Faire sauter pendant 5 minutes. Juste avant de servir, versez les œufs à la fourchette et mélangez-les à la soupe. Servir parsemé de chair de crabe et d'échalotes hachées.

Soupe sichuanaise

Pour 4 personnes

4 champignons chinois séchés

1,5 l/2½ pts/6 tasses de bouillon de poulet

75 ml/5 cuillères à soupe de vin blanc sec

15 ml/1 cuillère à soupe de sauce soja

2,5 ml/½ cuillère à café de sauce piquante

30 ml/2 cuillères à soupe de farine de maïs (amidon de maïs)

60 ml/4 cuillères à soupe d'eau

100 g/4 oz de porc maigre, coupé en lanières

50 g de jambon cuit, coupé en lanières

1 poivron rouge, coupé en lanières

50 g de châtaignes d'eau tranchées

10 ml/2 cuillères à café de vinaigre de vin

5 ml/1 cuillère à café d'huile de sésame

1 œuf battu

100 g de crevettes décortiquées

6 ciboulette (ciboulette), hachée

175 g/6 oz de tofu, coupé en cubes

Faites tremper les champignons dans l'eau tiède pendant 30 minutes et égouttez-les. Jetez les tiges et coupez les sommets. Apportez le bouillon, le vin, le soja

sauce et sauce chili jusqu'à ébullition, couvrir et cuire 5 minutes. Mélangez la farine de maïs avec la moitié de l'eau et incorporez-la à la soupe en remuant jusqu'à ce que la soupe épaississe. Ajoutez les champignons, le porc, le jambon, le poivre et les châtaignes d'eau et laissez cuire 5 minutes. Ajoutez le vinaigre de vin et l'huile de sésame. Battez l'œuf avec le reste d'eau et ajoutez-le à la soupe en remuant vigoureusement. Ajouter les crevettes, les oignons nouveaux et le tofu et cuire quelques minutes pour bien réchauffer.

Soupe au Tofu

Pour 4 personnes

1,5 l/2½ pts/6 tasses de bouillon de poulet
225 g/8 oz de tofu, coupé en cubes
5 ml/1 cuillère à café de sel
5 ml/1 cuillère à café de sauce soja

Portez le bouillon à ébullition et ajoutez le tofu, le sel et la sauce soja. Cuire quelques minutes jusqu'à ce que le tofu soit bien chaud.

Soupe de tofu et poisson

Pour 4 personnes

225 g/8 oz de filet de poisson blanc, coupé en lanières
150 ml/¼ pt/généreuse ½ tasse de vin de riz ou de xérès sec
10 ml/2 cuillères à café de racine de gingembre finement hachée
45 ml/3 cuillères à soupe de sauce soja
2,5 ml/½ cuillère à café de sel
60 ml/4 cuillères à soupe d'huile d'arachide (cacahuète)
2 oignons, hachés
100 g/4 oz de champignons, tranchés
1,2 l/2 pts/5 tasses de bouillon de poulet
100 g/4 oz de tofu, en cubes
sel et poivre fraîchement moulu

Placez le poisson dans un bol. Mélangez le vin ou le xérès, le gingembre, la sauce soja et le sel et versez sur le poisson. Laissez mariner 30 minutes. Faites chauffer l'huile et faites revenir l'oignon pendant 2 minutes. Ajoutez les champignons et continuez à frire jusqu'à ce que les oignons soient tendres mais pas dorés. Ajoutez le poisson et la marinade, portez à ébullition, couvrez et laissez cuire 5 minutes. Ajouter le bouillon, porter à ébullition, couvrir et laisser mijoter 15 minutes. Ajouter le tofu et assaisonner au goût avec du sel et du poivre. Cuire jusqu'à ce que le tofu soit cuit.

Soupe à la tomate

Pour 4 personnes

400 g/14 oz de tomates en conserve, égouttées et hachées
1,2 l/2 pts/5 tasses de bouillon de poulet
1 tranche de racine de gingembre, hachée
15 ml/1 cuillère à soupe de sauce soja
15 ml/1 cuillère à soupe de sauce chili
10 ml/2 cuillères à café de sucre

Mettez tous les ingrédients dans une casserole et faites chauffer doucement en remuant de temps en temps. Cuire environ 10 minutes avant de servir.

Soupe de tomates et épinards

Pour 4 personnes

1,2 l/2 pts/5 tasses de bouillon de poulet

225 g/8 oz de tomates hachées en conserve

225 g/8 oz de tofu, coupé en cubes

225 g d'épinards

30 ml/2 cuillères à soupe de sauce soja

sel et poivre fraîchement moulu

2,5 ml/½ cuillère à café de sucre

2,5 ml/½ cuillère à café de vin de riz ou de xérès sec

Portez le bouillon à ébullition, puis ajoutez les tomates, le tofu et les épinards et laissez cuire 2 minutes. Ajouter le reste des ingrédients et cuire 2 minutes, bien mélanger et servir.

Soupe de navet

Pour 4 personnes

1 l/1¾ pts/4¼ tasses de bouillon de poulet
1 gros navet, tranché finement
200 g/7 oz de porc maigre, tranché finement
15 ml/1 cuillère à soupe de sauce soja
60 ml/4 cuillères à soupe de cognac
sel et poivre fraîchement moulu
4 échalotes, hachées finement

Faire bouillir le bouillon, ajouter le navet et le porc, couvrir et laisser mijoter 20 minutes jusqu'à ce que le navet soit tendre et que la viande soit bien cuite. Ajouter la sauce soja et le cognac au goût. Cuire jusqu'à ce qu'il soit chaud, parsemé d'échalotes.

Soupe aux légumes

Pour 4 personnes

6 champignons chinois séchés
1 l/1¾ pts/4¼ tasses de bouillon de légumes
50 g de pousses de bambou coupées en lanières
50 g de châtaignes d'eau tranchées
8 mangetout (pois mange-tout), tranchés
5 ml/1 cuillère à café de sauce soja

Faites tremper les champignons dans l'eau tiède pendant 30 minutes et égouttez-les. Jetez les tiges et coupez le dessus en lanières. Ajoutez-les au bouillon avec les pousses de bambou et les châtaignes d'eau et portez à ébullition, couvrez et laissez cuire 10 minutes. Ajoutez le mangetout et la sauce soja, couvrez et laissez cuire 2 minutes. Laissez reposer 2 minutes avant de servir.

Soupe végétarienne

Pour 4 personnes

¼ de chou blanc

2 carottes

3 branches de céleri

2 oignons nouveaux (ciboulette)

30 ml/2 cuillères à soupe d'huile d'arachide (cacahuète)

1,5 l/2½ pts/6 tasses d'eau

15 ml/1 cuillère à soupe de sauce soja

15 ml/1 cuillère à soupe de vin de riz ou de xérès sec

5 ml/1 cuillère à café de sel

poivre fraîchement moulu

Coupez les légumes en lanières. Faites chauffer l'huile et faites revenir les légumes pendant 2 minutes jusqu'à ce qu'ils commencent à ramollir. Ajoutez le reste des ingrédients, portez à ébullition, couvrez et laissez cuire 15 minutes.

Soupe de cresson

Pour 4 personnes

1 l/1¾ pts/4¼ tasses de bouillon de poulet
1 oignon, finement haché
1 branche de céleri, hachée finement
225 g de cresson, haché grossièrement
sel et poivre fraîchement moulu

Portez à ébullition le bouillon, l'oignon et le céleri, couvrez et laissez mijoter 15 minutes. Ajoutez le cresson, couvrez et laissez cuire 5 minutes. Assaisonnez avec du sel et du poivre.

Poisson frit aux légumes

Pour 4 personnes

4 champignons chinois séchés
4 poissons entiers, nettoyés et écaillés
huile de friture
30 ml/2 cuillères à soupe de farine de maïs (amidon de maïs)
45 ml/3 cuillères à soupe d'huile d'arachide (cacahuète)
100 g/4 oz de pousses de bambou, coupées en lanières
50 g de châtaignes d'eau coupées en lanières
50 g/2 oz de chou chinois, haché
2 tranches de racine de gingembre, hachées
30 ml/2 cuillères à soupe de vin de riz ou de xérès sec
30 ml/2 cuillères à soupe d'eau
15 ml/1 cuillère à soupe de sauce soja
5 ml/1 cuillère à café de sucre
120 ml/4 fl oz/¬Ω tasse de bouillon de poisson
sel et poivre fraîchement moulu
¬Ω tête de laitue, râpée
15 ml/1 cuillère à soupe de persil haché

Faites tremper les champignons dans l'eau tiède pendant 30 minutes et égouttez-les. Jetez les tiges et coupez les sommets. Saupoudrer le poisson en deux

farine de maïs et secouez l'excédent. Faites chauffer l'huile et faites frire le poisson pendant environ 12 minutes jusqu'à ce qu'il soit cuit. Égoutter sur du papier absorbant et réserver au chaud.

Faites chauffer l'huile d'olive et faites revenir les champignons, les pousses de bambou, les châtaignes d'eau et le chou pendant 3 minutes. Ajoutez le gingembre, le vin ou le xérès, 15 ml/1 cuillère à soupe d'eau, la sauce soja et le sucre et faites sauter pendant 1 minute. Ajouter le bouillon, saler et poivrer, porter à ébullition, couvrir et cuire 3 minutes. Mélangez la maïzena avec le reste de l'eau, mélangez dans la casserole et faites cuire en remuant jusqu'à ce que la sauce épaississe. Disposez la laitue sur une assiette de service et déposez le poisson dessus. Verser sur les légumes et la sauce et servir garni de persil.

Poisson Entier Rôti

Pour 4 personnes

1 gros bar ou poisson similaire
45 ml/3 cuillères à soupe de farine de maïs (amidon de maïs)
45 ml/3 cuillères à soupe d'huile d'arachide (cacahuète)
1 oignon haché
2 gousses d'ail, écrasées
50 g de jambon coupé en lanières
100 g de crevettes décortiquées
15 ml/1 cuillère à soupe de sauce soja
15 ml/1 cuillère à soupe de vin de riz ou de xérès sec
5 ml/1 cuillère à café de sucre
5 ml/1 cuillère à café de sel

Enrober le poisson de semoule de maïs. Faites chauffer l'huile et faites revenir l'oignon et l'ail jusqu'à ce qu'ils soient légèrement dorés. Ajouter le poisson et faire revenir jusqu'à ce qu'il soit doré des deux côtés. Transférer le poisson sur une feuille de papier d'aluminium dans un plat allant au four et garnir de jambon et de crevettes. Ajoutez la sauce soja, le vin ou le xérès, le sucre et le sel dans la poêle et remuez bien. Verser sur le poisson, fermer le papier d'aluminium sur le dessus et cuire au four préchauffé à 150 °C/300 °F/thermostat 2 pendant 20 minutes.

Poisson de soja braisé

Pour 4 personnes

1 gros bar ou poisson similaire
sel
50 g/2 oz/½ tasse de farine nature (tout usage)
60 ml/4 cuillères à soupe d'huile d'arachide (cacahuète)
3 tranches de racine de gingembre, hachées
3 ciboulette (ciboulette), hachée
250 ml/8 fl oz/1 tasse d'eau
45 ml/3 cuillères à soupe de sauce soja
15 ml/1 cuillère à soupe de vin de riz ou de xérès sec
2,5 ml/½ cuillère à café de sucre

Nettoyez et écailler le poisson et incisez-le en diagonale des deux côtés. Saupoudrer de sel et laisser reposer 10 minutes. Faites chauffer l'huile et faites frire le poisson jusqu'à ce qu'il soit doré des deux côtés, en le retournant une fois et en l'arrosant d'huile pendant la cuisson. Ajoutez le gingembre, la ciboulette, l'eau, la sauce soja, le vin ou le xérès et le sucre, portez à ébullition, couvrez et laissez mijoter 20 minutes jusqu'à ce que le poisson soit bien cuit. Servir chaud ou froid.

Poisson de soja à la sauce d'huîtres

Pour 4 personnes

1 gros bar ou poisson similaire

sel

60 ml/4 cuillères à soupe d'huile d'arachide (cacahuète)

3 ciboulette (ciboulette), hachée

2 tranches de racine de gingembre, hachées

1 gousse d'ail, écrasée

45 ml/3 cuillères à soupe de sauce aux huîtres

30 ml/2 cuillères à soupe de sauce soja

5 ml/1 cuillère à café de sucre

250 ml/8 fl oz/1 tasse de bouillon de poisson

Nettoyer et écailler le poisson et entailler plusieurs fois en diagonale de chaque côté. Saupoudrer de sel et laisser reposer 10 minutes. Faites chauffer la majeure partie de l'huile et faites frire le poisson jusqu'à ce qu'il soit doré des deux côtés, en le retournant une fois. Pendant ce temps, faites chauffer le reste de l'huile dans une poêle séparée et faites revenir les oignons nouveaux, le gingembre et l'ail jusqu'à ce qu'ils soient légèrement dorés. Ajouter la sauce aux huîtres, la sauce soja et le sucre et faire sauter pendant 1 minute. Ajouter le bouillon et porter à ébullition. Versez le mélange dans le poisson rouge, portez à ébullition, couvrez et laissez cuire env.

15 minutes jusqu'à ce que le poisson soit cuit, en le retournant une à deux fois pendant la cuisson.

Bar Cuit

Pour 4 personnes

1 gros bar ou poisson similaire
2,25 l/4 pts/10 tasses d'eau
3 tranches de racine de gingembre, hachées
15 ml/1 cuillère à soupe de sel
15 ml/1 cuillère à soupe de vin de riz ou de xérès sec
30 ml/2 cuillères à soupe d'huile d'arachide (cacahuète)

Nettoyer et écailler le poisson et entailler plusieurs fois les deux côtés en diagonale. Portez l'eau à ébullition dans une grande casserole et ajoutez le reste des ingrédients. Plongez le poisson dans l'eau, couvrez bien, éteignez le feu et laissez reposer 30 minutes jusqu'à ce que le poisson soit cuit.

Poisson au four aux champignons

Pour 4 personnes

4 champignons chinois séchés

1 grosse carpe ou poisson similaire

sel

45 ml/3 cuillères à soupe d'huile d'arachide (cacahuète)

2 ciboulette (ciboulette), hachée

1 tranche de racine de gingembre, hachée

3 gousses d'ail, écrasées

100 g/4 oz de pousses de bambou, coupées en lanières

250 ml/8 fl oz/1 tasse de bouillon de poisson

30 ml/2 cuillères à soupe de sauce soja

15 ml/1 cuillère à soupe de vin de riz ou de xérès sec

2,5 ml/¬Ω cuillère à café de sucre

Faites tremper les champignons dans l'eau tiède pendant 30 minutes et égouttez-les. Jetez les tiges et coupez les sommets. Incisez le poisson plusieurs fois en diagonale des deux côtés, saupoudrez de sel et laissez reposer 10 minutes. Faites chauffer l'huile et faites frire le poisson jusqu'à ce qu'il soit légèrement doré des deux côtés. Ajoutez les oignons nouveaux, le gingembre et l'ail et faites revenir 2 minutes. Ajouter le reste des ingrédients, porter à ébullition, couvrir

et laissez cuire 15 minutes jusqu'à ce que le poisson soit bien cuit, en le retournant une ou deux fois et en remuant de temps en temps.

Poisson aigre-doux

Pour 4 personnes

1 gros bar ou poisson similaire
1 œuf battu
50 g de farine de maïs (amidon de maïs)
huile de friture

Pour la sauce:

15 ml/1 cuillère à soupe d'huile d'arachide
1 poivron vert, coupé en lanières
100 g de morceaux d'ananas au sirop
1 oignon, coupé en quartiers
100 g/4 oz/¬Ω tasse de cassonade
60 ml/4 cuillères à soupe de bouillon de poulet
60 ml/4 cuillères à soupe de vinaigre de vin
15 ml/1 cuillère à soupe de purée de tomates (pâte)
15 ml/1 cuillère à soupe de farine de maïs (amidon de maïs)
15 ml/1 cuillère à soupe de sauce soja
3 ciboulette (ciboulette), hachée

Nettoyez le poisson et retirez les nageoires et la tête si vous préférez. Trempez-le dans l'œuf battu puis dans la farine de maïs. Faites chauffer l'huile et faites frire le poisson jusqu'à ce qu'il soit doré. Bien égoutter et réserver au chaud.

Pour préparer la sauce, faites chauffer l'huile d'olive et faites revenir le poivron, l'ananas égoutté et l'oignon pendant 4 minutes. Ajouter 30 ml/2 cuillères à soupe de sirop d'ananas, le sucre, le bouillon, le vinaigre de vin, la purée de tomates, la farine de maïs et la sauce soja et porter à ébullition en remuant. Cuire en remuant jusqu'à ce que la sauce s'éclaircisse et épaississe. Verser sur le poisson et servir parsemé de ciboulette.

Poisson farci au porc

Pour 4 personnes

1 grosse carpe ou poisson similaire

sel

100 g/4 oz de porc haché (haché)

1 ciboulette (ciboulette), hachée

4 tranches de racine de gingembre, hachées

15 ml/1 cuillère à soupe de farine de maïs (amidon de maïs)

60 ml/4 cuillères à soupe de sauce soja

15 ml/1 cuillère à soupe de vin de riz ou de xérès sec

5 ml/1 cuillère à café de sucre

75 ml/5 cuillères à soupe d'huile d'arachide (cacahuète)

2 gousses d'ail, écrasées

1 oignon, tranché

300 ml/¬Ω pt/1¬ième verre d'eau

Nettoyez et épluchez le poisson et saupoudrez de sel. Mélangez le porc, la ciboulette, un peu de gingembre, la farine de maïs, 15 ml/1 c. de sauce soja, de vin ou de xérès et de sucre et utiliser pour farcir le poisson. Faites chauffer l'huile et faites revenir le poisson jusqu'à ce qu'il soit légèrement doré des deux côtés, retirez-le de la poêle et égouttez la majeure partie de l'huile.

Ajouter le reste de l'ail et du gingembre et faire revenir jusqu'à ce qu'ils soient légèrement dorés.

Ajouter le reste de sauce soja et l'eau, porter à ébullition et cuire 2 minutes. Remettez le poisson dans la poêle, couvrez et laissez cuire environ 30 minutes jusqu'à ce que le poisson soit bien cuit, en le retournant une ou deux fois.

Carpe rôtie assaisonnée

Pour 4 personnes

1 grosse carpe ou poisson similaire
150 ml/¬° pt/généreuse ¬Ω tasse d'huile d'arachide
15 ml/1 cuillère à soupe de sucre
2 gousses d'ail, hachées finement
100 g/4 oz de pousses de bambou, tranchées
150 ml/¬° pt/généreuse ¬Ω tasse de bouillon de poisson
15 ml/1 cuillère à soupe de vin de riz ou de xérès sec
15 ml/1 cuillère à soupe de sauce soja
2 ciboulette (ciboulette), hachée
1 tranche de racine de gingembre, hachée
15 ml/1 cuillère à soupe de sel de vinaigre de vin

Nettoyer et écailler le poisson et le tremper plusieurs heures dans l'eau froide. Égouttez et séchez, puis marquez chaque côté plusieurs fois. Faites chauffer l'huile et faites frire le poisson des deux côtés jusqu'à ce qu'il soit ferme. Retirer de la poêle, verser et réserver tout sauf 30 ml/2 cuillères à soupe d'huile. Ajoutez le sucre dans la casserole et remuez jusqu'à ce qu'il soit foncé. Ajoutez l'ail et les pousses de bambou et remuez bien. Ajoutez le reste des ingrédients, portez à ébullition, remettez le poisson dans la poêle, couvrez et laissez cuire doucement environ 15 minutes, jusqu'à ce que le poisson soit cuit.

Disposez le poisson dans une assiette chaude et versez la sauce dessus.

Crevettes sauce litchi

Pour 4 personnes

50 g/2 oz/¬Ω tasse nature (tout usage)
farine de blé
2,5 ml/¬Ω cuillère à café de sel
1 œuf légèrement battu
30 ml/2 cuillères à soupe d'eau
450 g de crevettes décortiquées
huile de friture
30 ml/2 cuillères à soupe d'huile d'arachide (cacahuète)
2 tranches de racine de gingembre, hachées
30 ml/2 cuillères à soupe de vinaigre de vin
5 ml/1 cuillère à café de sucre
2,5 ml/¬Ω cuillère à café de sel
15 ml/1 cuillère à soupe de sauce soja
200 g/7 oz de litchis en conserve, égouttés

Battre la farine, le sel, l'œuf et l'eau pour obtenir une pâte, en ajoutant un peu d'eau si nécessaire. Mélanger avec les crevettes jusqu'à ce qu'elles soient bien enrobées. Faites chauffer l'huile et faites frire les crevettes pendant quelques minutes jusqu'à ce qu'elles soient croustillantes et dorées. Égoutter sur du papier absorbant et déposer sur une assiette de service chaude. Pendant ce temps, faites chauffer l'huile et faites revenir le gingembre pendant 1 minute. Ajouter le vinaigre de vin, le sucre, le sel et la sauce soja. Ajouter les litchis et remuer jusqu'à ce qu'ils soient chauds et recouverts de sauce. Versez sur les crevettes et servez aussitôt.

Crevettes sautées à la mandarine

Pour 4 personnes

60 ml/4 cuillères à soupe d'huile d'arachide (cacahuète)
1 gousse d'ail, écrasée
1 tranche de racine de gingembre, hachée
450 g de crevettes décortiquées
30 ml/2 cuillères à soupe de vin de riz ou de xérès sec 30 ml/2 cuillères à soupe de sauce soja
15 ml/1 cuillère à soupe de farine de maïs (amidon de maïs)
45 ml/3 cuillères à soupe d'eau

Faites chauffer l'huile et faites revenir l'ail et le gingembre jusqu'à ce qu'ils soient légèrement dorés. Ajouter les crevettes et faire revenir 1 minute. Ajoutez le vin ou le sherry et remuez bien. Ajouter la sauce soja, la farine de maïs et l'eau et faire sauter pendant 2 minutes.

Crevettes au Mangetout

Pour 4 personnes

5 champignons chinois séchés
225 g/8 oz de germes de soja
60 ml/4 cuillères à soupe d'huile d'arachide (cacahuète)
5 ml/1 cuillère à café de sel
2 branches de céleri, hachées
4 oignons verts (ciboulette), hachés
2 gousses d'ail, écrasées
2 tranches de racine de gingembre, hachées
60 ml/4 cuillères à soupe d'eau
15 ml/1 cuillère à soupe de sauce soja
15 ml/1 cuillère à soupe de vin de riz ou de xérès sec
225 g/8 oz de mangetout (pois)

225 g de crevettes décortiquées
15 ml/1 cuillère à soupe de farine de maïs (amidon de maïs)

Faites tremper les champignons dans l'eau tiède pendant 30 minutes et égouttez-les. Jetez les tiges et coupez les sommets. Blanchir les germes de soja dans l'eau bouillante pendant 5 minutes et bien les égoutter. Faites chauffer la moitié de l'huile et faites revenir le sel, le céleri, les oignons nouveaux et les germes de soja pendant 1 minute, puis retirez-les de la poêle. Faites chauffer le reste de l'huile et faites revenir l'ail et le gingembre jusqu'à ce qu'ils soient légèrement dorés. Ajoutez la moitié de l'eau, la sauce soja, le vin ou le xérès, le mangetout et les crevettes, portez à ébullition et laissez cuire 3 minutes. Mélangez la maïzena et le reste de l'eau jusqu'à obtenir une pâte, mélangez dans la poêle et faites cuire en remuant jusqu'à ce que la sauce épaississe. Remettre les légumes dans la poêle et cuire jusqu'à ce qu'ils soient bien chauds. Servir immédiatement.

Crevettes aux champignons chinois

Pour 4 personnes
8 champignons chinois séchés

45 ml/3 cuillères à soupe d'huile d'arachide (cacahuète)
3 tranches de racine de gingembre, hachées
450 g de crevettes décortiquées
15 ml/1 cuillère à soupe de sauce soja
5 ml/1 cuillère à café de sel
60 ml/4 cuillères à soupe de bouillon de poisson

Faites tremper les champignons dans l'eau tiède pendant 30 minutes et égouttez-les. Jetez les tiges et coupez les sommets. Faites chauffer la moitié de l'huile et faites revenir le gingembre jusqu'à ce qu'il soit légèrement doré. Ajouter les crevettes, la sauce soja et le sel et faire revenir jusqu'à ce qu'elles soient recouvertes d'huile et retirer de la poêle. Faites chauffer le reste de l'huile et faites revenir les champignons jusqu'à ce qu'ils soient recouverts d'huile. Ajoutez le bouillon, portez à ébullition, couvrez et laissez cuire 3 minutes. Remettez les crevettes dans la poêle et remuez jusqu'à ce qu'elles soient bien chaudes.

Sauté de crevettes et petits pois

Pour 4 personnes
450 g de crevettes décortiquées

5 ml/1 cuillère à café d'huile de sésame

5 ml/1 cuillère à café de sel

30 ml/2 cuillères à soupe d'huile d'arachide (cacahuète)

1 gousse d'ail, écrasée

1 tranche de racine de gingembre, hachée

225 g/8 oz de petits pois blanchis ou surgelés, décongelés

4 oignons verts (ciboulette), hachés

30 ml/2 cuillères à soupe d'eau

sel et poivre

Mélangez les crevettes avec l'huile de sésame et le sel. Faites chauffer l'huile d'olive et faites revenir l'ail et le gingembre pendant 1 minute. Ajouter les crevettes et faire revenir 2 minutes. Ajouter les petits pois et faire revenir 1 minute. Ajoutez les oignons nouveaux et l'eau et assaisonnez avec du sel, du poivre et un peu plus d'huile de sésame, si vous le souhaitez. Chauffer en remuant soigneusement avant de servir.

Crevettes au chutney de mangue

Pour 4 personnes

12 gambas

sel et poivre

1 jus de citron

30 ml/2 cuillères à soupe de farine de maïs (amidon de maïs)

1 manche

5 ml/1 cuillère à café de moutarde en poudre

5 ml/1 cuillère à café de miel

30 ml/2 cuillères à soupe de crème de coco

30 ml/2 cuillères à soupe de curry doux

120 ml/4 fl oz/¬Ω tasse de bouillon de poulet

45 ml/3 cuillères à soupe d'huile d'arachide (cacahuète)

2 gousses d'ail, hachées

2 ciboulette (ciboulette), hachée

1 bulbe de fenouil, haché

100 g de chutney de mangue

Épluchez les crevettes en laissant les queues intactes. Saupoudrer de sel, de poivre et de jus de citron et enrober de la moitié de la semoule de maïs. Épluchez la mangue, coupez la pulpe du noyau et hachez-la. Mélangez la moutarde, le miel, la crème de coco, la poudre de curry, le reste de la semoule de maïs et le bouillon. Faites chauffer la moitié de l'huile d'olive et faites revenir l'ail, la ciboulette et le fenouil pendant 2 minutes. Ajouter le mélange de bouillon, porter à ébullition et cuire 1 minute. Ajoutez les cubes de mangue et le chutney et faites chauffer doucement, puis transférez dans une assiette de service chaude. Faites chauffer le reste de l'huile et faites revenir les crevettes pendant 2 minutes. Disposez-les sur les légumes et servez aussitôt.

Quenelles de crevettes frites avec sauce à l'oignon

Pour 4 personnes

3 oeufs légèrement battus
45 ml/3 cuillères à soupe de farine nature (tout usage)
sel et poivre fraîchement moulu
450 g de crevettes décortiquées
huile de friture
15 ml/1 cuillère à soupe d'huile d'arachide
2 oignons, hachés
15 ml/1 cuillère à soupe de farine de maïs (amidon de maïs)
30 ml/2 cuillères à soupe de sauce soja
175 ml/6 fl oz/¬œ tasse d'eau

Mélangez les œufs, la farine, le sel et le poivre. Jetez les crevettes dans la pâte. Faites chauffer l'huile et faites frire les crevettes jusqu'à ce qu'elles soient dorées. Pendant ce temps, faites chauffer l'huile et faites revenir l'oignon pendant 1 minute.

Mélanger le reste des ingrédients jusqu'à formation d'une pâte, incorporer les oignons et cuire en remuant jusqu'à ce que la sauce épaississe. Égoutter les crevettes et les déposer sur une assiette de service chaude. Versez dessus la sauce et servez aussitôt.

Crevettes mandarines aux petits pois

Pour 4 personnes

60 ml/4 cuillères à soupe d'huile d'arachide (cacahuète)

1 gousse d'ail, hachée

1 tranche de racine de gingembre, hachée

450 g de crevettes décortiquées

30 ml/2 cuillères à soupe de vin de riz ou de xérès sec

225 g de petits pois surgelés, décongelés

30 ml/2 cuillères à soupe de sauce soja

15 ml/1 cuillère à soupe de farine de maïs (amidon de maïs)

45 ml/3 cuillères à soupe d'eau

Faites chauffer l'huile et faites revenir l'ail et le gingembre jusqu'à ce qu'ils soient légèrement dorés. Ajouter les crevettes et faire revenir 1 minute. Ajoutez le vin ou le sherry et remuez bien.

Ajouter les petits pois et faire revenir 5 minutes. Ajouter les autres ingrédients et faire revenir 2 minutes.

Crevettes de Pékin

Pour 4 personnes

30 ml/2 cuillères à soupe d'huile d'arachide (cacahuète)
2 gousses d'ail, écrasées
1 tranche de racine de gingembre, hachée finement
225 g de crevettes décortiquées
4 oignons verts (ciboulette), tranchés épaissement
120 ml/4 fl oz/¬Ω tasse de bouillon de poulet
5 ml/1 cuillère à café de cassonade
5 ml/1 cuillère à café de sauce soja
5 ml/1 cuillère à café de sauce hoisin
5 ml/1 cuillère à café de sauce Tabasco

Faites chauffer l'huile avec l'ail et le gingembre et faites-les revenir jusqu'à ce que l'ail soit légèrement doré. Ajouter les crevettes et faire revenir 1 minute. Ajouter la ciboulette et faire revenir 1 minute. Ajouter le reste des ingrédients, porter à ébullition, couvrir et cuire 4 minutes en remuant de temps en temps. Vérifiez l'assaisonnement et ajoutez un peu plus de sauce Tabasco si vous préférez.

Crevettes aux poivrons

Pour 4 personnes

30 ml/2 cuillères à soupe d'huile d'arachide (cacahuète)
1 poivron vert, coupé en morceaux
450 g de crevettes décortiquées
10 ml/2 cuillères à café de farine de maïs (amidon de maïs)
60 ml/4 cuillères à soupe d'eau
5 ml/1 cuillère à café de vin de riz ou de xérès sec
2,5 ml/¬Ω cuillère à café de sel
45 ml/2 cuillères à soupe de purée de tomates (pâte)

Faites chauffer l'huile et faites revenir le poivron pendant 2 minutes. Ajouter les crevettes et la purée de tomates et bien mélanger. Mélangez l'eau de semoule de maïs, le vin ou le xérès et le sel jusqu'à ce qu'une pâte se forme, mélangez dans la poêle et faites cuire en remuant jusqu'à ce que la sauce soit claire et épaissie.

Crevettes sautées au porc

Pour 4 personnes

225 g de crevettes décortiquées

100 g/4 oz de porc maigre, râpé

60 ml/4 cuillères à soupe de vin de riz ou de xérès sec

1 blanc d'oeuf

45 ml/3 cuillères à soupe de farine de maïs (amidon de maïs)

5 ml/1 cuillère à café de sel

15 ml/1 cuillère à soupe d'eau (facultatif)

90 ml/6 cuillères à soupe d'huile d'arachide

45 ml/3 cuillères à soupe de bouillon de poisson

5 ml/1 cuillère à café d'huile de sésame

Placer les crevettes et le porc dans des bols séparés. Mélangez 45 ml/3 cuillères à soupe de vin ou de xérès, le blanc d'œuf, 30 ml/2 cuillères à soupe de maïzena et le sel pour obtenir une pâte lâche, en ajoutant de l'eau si nécessaire. Répartissez le mélange entre le porc et les crevettes et remuez bien pour les enrober uniformément. Faites chauffer l'huile et faites revenir le porc et les crevettes pendant quelques minutes jusqu'à ce qu'ils soient dorés. Retirer de la poêle et verser tout sauf 15 ml/1 cuillère à soupe d'huile. Ajouter le bouillon dans la poêle avec le reste du vin ou du xérès et la semoule de maïs. Porter à ébullition et cuire en remuant jusqu'à ce que la sauce épaississe. Verser sur les crevettes et le porc et servir arrosé d'huile de sésame.

Crevettes frites à la sauce au xérès

Pour 4 personnes

50 g/2 oz/¬Ω tasse de farine nature (tout usage)

2,5 ml/¬Ω cuillère à café de sel

1 œuf légèrement battu

30 ml/2 cuillères à soupe d'eau

450 g de crevettes décortiquées

huile de friture

15 ml/1 cuillère à soupe d'huile d'arachide

1 oignon, finement haché

45 ml/3 cuillères à soupe de vin de riz ou de xérès sec

15 ml/1 cuillère à soupe de sauce soja

120 ml/4 fl oz/¬Ω tasse de bouillon de poisson

10 ml/2 cuillères à café de farine de maïs (amidon de maïs)

30 ml/2 cuillères à soupe d'eau

Battre la farine, le sel, l'œuf et l'eau pour obtenir une pâte, en ajoutant un peu d'eau si nécessaire. Mélanger avec les crevettes jusqu'à ce qu'elles soient bien enrobées. Faites chauffer l'huile et faites frire les crevettes pendant quelques minutes jusqu'à ce qu'elles soient croustillantes et dorées. Égoutter sur du papier absorbant et déposer sur une assiette chaude. Pendant ce temps, faites chauffer l'huile et faites revenir l'oignon jusqu'à ce qu'il soit fané. Ajoutez le vin ou le xérès, la sauce soja et le bouillon, portez à ébullition et laissez cuire 4 minutes. Mélangez la maïzena et l'eau jusqu'à formation d'une pâte, mélangez dans la poêle et faites cuire en remuant jusqu'à ce que la sauce soit claire et épaissie. Versez la sauce sur les crevettes et servez.

Crevettes frites au sésame

Pour 4 personnes

450 g de crevettes décortiquées

¬Ω blanc d'oeuf

5 ml/1 cuillère à café de sauce soja

5 ml/1 cuillère à café d'huile de sésame

50 g/2 oz/½ tasse de farine de maïs (amidon de maïs)
sel et poivre blanc fraîchement moulu
huile de friture
60 ml/4 cuillères à soupe de graines de sésame
feuilles de laitue

Mélangez les crevettes avec le blanc d'œuf, la sauce soja, l'huile de sésame, la farine de maïs, le sel et le poivre. Ajoutez un peu d'eau si le mélange est trop épais. Faites chauffer l'huile et faites revenir les crevettes pendant quelques minutes jusqu'à ce qu'elles soient légèrement dorées. Pendant ce temps, faites griller brièvement les graines de sésame dans une poêle sèche jusqu'à ce qu'elles soient dorées. Égoutter les crevettes et mélanger avec les graines de sésame. Servir sur un lit de laitue.

Crevettes sautées dans leur coquille

Pour 4 personnes

60 ml/4 cuillères à soupe d'huile d'arachide (cacahuète)
750 g/1½ lb de crevettes décortiquées
3 ciboulette (ciboulette), hachée
3 tranches de racine de gingembre, hachées

2,5 ml/¬Ω cuillère à café de sel

15 ml/1 cuillère à soupe de vin de riz ou de xérès sec

120 ml/4 fl oz/¬Ω tasse de ketchup aux tomates (catsup)

15 ml/1 cuillère à soupe de sauce soja

15 ml/1 cuillère à soupe de sucre

15 ml/1 cuillère à soupe de farine de maïs (amidon de maïs)

60 ml/4 cuillères à soupe d'eau

Faites chauffer l'huile et faites frire les crevettes pendant 1 minute si elles sont cuites ou jusqu'à ce qu'elles deviennent roses si elles sont crues. Ajoutez les oignons nouveaux, le gingembre, le sel et le vin ou le xérès et faites revenir 1 minute. Ajouter le ketchup aux tomates, la sauce soja et le sucre et faire sauter pendant 1 minute. Mélangez la maïzena et l'eau, mélangez dans la poêle et faites cuire en remuant jusqu'à ce que la sauce s'éclaircisse et épaississe.

Crevettes Frites

Pour 4 personnes

75 g/3 oz/ ¬° tasse de farine de maïs (amidon de maïs)

1 blanc d'oeuf

5 ml/1 cuillère à café de vin de riz ou de xérès sec

sel

350 g/12 oz de crevettes décortiquées

huile de friture

Fouettez la maïzena, les blancs d'œufs, le vin ou le xérès et une pincée de sel pour obtenir une pâte épaisse. Tremper les crevettes dans la pâte jusqu'à ce qu'elles soient bien enrobées. Faites chauffer l'huile jusqu'à ce qu'elle soit moyennement chaude et faites revenir les crevettes pendant quelques minutes jusqu'à ce qu'elles soient dorées. Retirer de l'huile, réchauffer jusqu'à ce qu'ils soient chauds et faire revenir les crevettes jusqu'à ce qu'elles soient croustillantes et dorées.

Crevettes Tempura

Pour 4 personnes

450 g de crevettes décortiquées

30 ml/2 cuillères à soupe de farine nature (tout usage)

30 ml/2 cuillères à soupe de farine de maïs (amidon de maïs)

30 ml/2 cuillères à soupe d'eau

2 oeufs, battus

huile de friture

Coupez les crevettes en deux le long de la courbe intérieure et ouvrez-les pour former un papillon. Mélangez la farine, la fécule de maïs et l'eau jusqu'à former une pâte et ajoutez les œufs. Faites chauffer l'huile et faites frire les crevettes jusqu'à ce qu'elles soient dorées.

Sous-gomme

Pour 4 personnes

30 ml/2 cuillères à soupe d'huile d'arachide (cacahuète)
2 ciboulette (ciboulette), hachée
1 gousse d'ail, écrasée
1 tranche de racine de gingembre, hachée
100 g/4 oz de poitrine de poulet, coupée en lanières
100 g de jambon coupé en lanières
100 g/4 oz de pousses de bambou, coupées en lanières
100 g de châtaignes d'eau coupées en lanières
225 g de crevettes décortiquées
30 ml/2 cuillères à soupe de sauce soja
30 ml/2 cuillères à soupe de vin de riz ou de xérès sec
5 ml/1 cuillère à café de sel
5 ml/1 cuillère à café de sucre
5 ml/1 cuillère à café de farine de maïs (amidon de maïs)

Faites chauffer l'huile et faites revenir l'oignon, l'ail et le gingembre jusqu'à ce qu'ils soient légèrement dorés. Ajouter le poulet et faire revenir 1 minute. Ajoutez le jambon, les pousses de bambou et les châtaignes d'eau et faites revenir 3 minutes. Ajouter les crevettes et faire revenir 1 minute. Ajouter la sauce soja, le vin ou le xérès, le sel et le sucre et faire sauter pendant 2 minutes. Mélangez la maïzena avec un peu d'eau, incorporez dans la poêle et faites cuire en remuant pendant 2 minutes.

Crevettes au Tofu

Pour 4 personnes

45 ml/3 cuillères à soupe d'huile d'arachide (cacahuète)
225 g/8 oz de tofu, coupé en cubes
1 ciboulette (ciboulette), hachée
1 gousse d'ail, écrasée
15 ml/1 cuillère à soupe de sauce soja
5 ml/1 cuillère à café de sucre
90 ml/6 cuillères à soupe de bouillon de poisson
225 g de crevettes décortiquées
15 ml/1 cuillère à soupe de farine de maïs (amidon de maïs)

45 ml/3 cuillères à soupe d'eau

Faites chauffer la moitié de l'huile et faites frire le tofu jusqu'à ce qu'il soit légèrement doré, puis retirez-le de la poêle. Faites chauffer le reste de l'huile d'olive et faites revenir l'oignon et l'ail jusqu'à ce qu'ils soient légèrement dorés. Ajouter la sauce soja, le sucre et le bouillon et porter à ébullition. Ajoutez les crevettes et remuez à feu doux pendant 3 minutes. Mélangez la maïzena et l'eau jusqu'à obtenir une pâte, mélangez dans la poêle et faites cuire en remuant jusqu'à ce que la sauce épaississe. Remettez le tofu dans la poêle et faites cuire lentement jusqu'à ce qu'il soit bien chaud.

Crevettes à la tomate

Pour 4 personnes

2 blancs d'œufs
30 ml/2 cuillères à soupe de farine de maïs (amidon de maïs)
5 ml/1 cuillère à café de sel
450 g de crevettes décortiquées
huile de friture
30 ml/2 cuillères à soupe de vin de riz ou de xérès sec

225 g/8 oz de tomates pelées, épépinées et hachées

Mélangez les blancs d'œufs, la farine de maïs et le sel. Ajouter les crevettes jusqu'à ce qu'elles soient bien enrobées. Faites chauffer l'huile et faites frire les crevettes jusqu'à ce qu'elles soient cuites. Versez tout sauf 15 ml/1 cuillère à soupe d'huile et réchauffez. Ajouter le vin ou le xérès et les tomates et porter à ébullition. Ajouter les crevettes et réchauffer rapidement avant de servir.

Crevettes à la sauce tomate

Pour 4 personnes

30 ml/2 cuillères à soupe d'huile d'arachide (cacahuète)
1 gousse d'ail, écrasée
2 tranches de racine de gingembre, hachées
2,5 ml/¬Ω cuillère à café de sel
15 ml/1 cuillère à soupe de vin de riz ou de xérès sec
15 ml/1 cuillère à soupe de sauce soja
6 ml/4 cuillères à soupe de ketchup aux tomates (catsup)
120 ml/4 fl oz/¬Ω tasse de bouillon de poisson
350 g/12 oz de crevettes décortiquées
10 ml/2 cuillères à café de farine de maïs (amidon de maïs)
30 ml/2 cuillères à soupe d'eau

Faites chauffer l'huile d'olive et faites revenir l'ail, le gingembre et le sel pendant 2 minutes. Ajouter le vin ou le xérès, la sauce soja, le ketchup aux tomates et le bouillon et porter à ébullition. Ajoutez les crevettes, couvrez et laissez cuire 2 minutes. Mélangez la maïzena et l'eau jusqu'à formation d'une pâte, mélangez dans la poêle et faites cuire en remuant jusqu'à ce que la sauce soit claire et épaissie.

Crevettes à la sauce tomate et poivre

Pour 4 personnes

60 ml/4 cuillères à soupe d'huile d'arachide (cacahuète)

15 ml/1 cuillère à soupe de gingembre haché

15 ml/1 cuillère à soupe d'ail émincé

15 ml/1 cuillère à soupe de ciboulette hachée

60 ml/4 cuillères à soupe de purée de tomates (pâte)

15 ml/1 cuillère à soupe de sauce chili

450 g de crevettes décortiquées

15 ml/1 cuillère à soupe de farine de maïs (amidon de maïs)

15 ml/1 cuillère à soupe d'eau

Faites chauffer l'huile d'olive et faites revenir le gingembre, l'ail et la ciboulette pendant 1 minute. Ajouter la purée de tomates et la sauce au poivre et bien mélanger. Ajouter les crevettes et faire revenir 2 minutes. Mélangez la maïzena et l'eau jusqu'à obtenir une pâte, mélangez dans la poêle et laissez cuire jusqu'à ce que la sauce épaississe. Servir immédiatement.

Crevettes Frites à la Sauce Tomate

Pour 4 personnes

50 g/2 oz/¬Ω tasse de farine nature (tout usage)

2,5 ml/¬Ω cuillère à café de sel

1 œuf légèrement battu

30 ml/2 cuillères à soupe d'eau

450 g de crevettes décortiquées

huile de friture

30 ml/2 cuillères à soupe d'huile d'arachide (cacahuète)

1 oignon, finement haché

2 tranches de racine de gingembre, hachées

75 ml/5 cuillères à soupe de ketchup aux tomates (catsup)

10 ml/2 cuillères à café de farine de maïs (amidon de maïs)
30 ml/2 cuillères à soupe d'eau

Battre la farine, le sel, l'œuf et l'eau pour obtenir une pâte, en ajoutant un peu d'eau si nécessaire. Mélanger avec les crevettes jusqu'à ce qu'elles soient bien enrobées. Faites chauffer l'huile et faites frire les crevettes pendant quelques minutes jusqu'à ce qu'elles soient croustillantes et dorées. Égoutter sur du papier absorbant.

Pendant ce temps, faites chauffer l'huile et faites revenir l'oignon et le gingembre jusqu'à ce qu'ils soient tendres. Ajouter le ketchup aux tomates et cuire 3 minutes. Mélangez la maïzena et l'eau jusqu'à obtenir une pâte, mélangez dans la poêle et faites cuire en remuant jusqu'à ce que la sauce épaississe. Ajouter les crevettes dans la poêle et cuire jusqu'à ce qu'elles soient bien chaudes. Servir immédiatement.

Crevettes aux Légumes

Pour 4 personnes

15 ml/1 cuillère à soupe d'huile d'arachide

225 g de fleurons de brocoli

225 g de champignons de Paris

225 g/8 oz de pousses de bambou, tranchées

450 g de crevettes décortiquées

120 ml/4 fl oz/½ tasse de bouillon de poulet

5 ml/1 cuillère à café de farine de maïs (amidon de maïs)

5 ml/1 cuillère à café de sauce aux huîtres

2,5 ml/½ cuillère à café de sucre

2,5 ml/½ cuillère à café de racine de gingembre râpée

pincée de poivre fraîchement moulu

Faites chauffer l'huile et faites revenir le brocoli pendant 1 minute. Ajoutez les champignons et les pousses de bambou et faites revenir 2 minutes. Ajouter les crevettes et faire revenir 2 minutes. Mélanger le reste des ingrédients et incorporer au mélange de crevettes. Porter à ébullition en remuant, puis cuire 1 minute en remuant continuellement.

Crevettes aux châtaignes d'eau

Pour 4 personnes

60 ml/4 cuillères à soupe d'huile d'arachide (cacahuète)

1 gousse d'ail, hachée

1 tranche de racine de gingembre, hachée

450 g de crevettes décortiquées

30 ml/2 cuillères à soupe de vin de riz ou de xérès sec 225 g/8 oz de châtaignes d'eau, tranchées

30 ml/2 cuillères à soupe de sauce soja

15 ml/1 cuillère à soupe de farine de maïs (amidon de maïs)

45 ml/3 cuillères à soupe d'eau

Faites chauffer l'huile et faites revenir l'ail et le gingembre jusqu'à ce qu'ils soient légèrement dorés. Ajouter les crevettes et faire revenir 1 minute. Ajoutez le vin ou le sherry et remuez bien. Ajoutez les châtaignes d'eau et faites revenir 5 minutes. Ajouter les autres ingrédients et faire revenir 2 minutes.

Wonton aux crevettes

Pour 4 personnes

450 g de crevettes décortiquées, hachées
225 g/8 oz de légumes mélangés, hachés
15 ml/1 cuillère à soupe de sauce soja
2,5 ml/½ cuillère à café de sel
quelques gouttes d'huile de sésame
40 peaux de wonton
huile de friture

Mélangez les crevettes, les légumes, la sauce soja, le sel et l'huile de sésame.

Pour plier les wontons, tenez la peau dans la paume de votre main gauche et déposez un peu de garniture au centre. Humidifiez les bords avec l'œuf et pliez la peau en triangle en scellant les bords. Humidifiez les coins avec l'œuf et tournez-les ensemble.

Faites chauffer l'huile et faites frire les wontons quelques-uns à la fois jusqu'à ce qu'ils soient dorés. Bien égoutter avant de servir.

Ormeau au poulet

Pour 4 personnes

400 g d'ormeau en conserve

30 ml/2 cuillères à soupe d'huile d'arachide (cacahuète)

100 g/4 oz de poitrine de poulet, coupée en cubes

100 g/4 oz de pousses de bambou, tranchées

250 ml/8 fl oz/1 tasse de bouillon de poisson

15 ml/1 cuillère à soupe de vin de riz ou de xérès sec

5 ml/1 cuillère à café de sucre

2,5 ml/½ cuillère à café de sel

15 ml/1 cuillère à soupe de farine de maïs (amidon de maïs)

45 ml/3 cuillères à soupe d'eau

Égoutter et trancher l'ormeau en réservant le jus. Faites chauffer l'huile et faites frire le poulet jusqu'à ce qu'il soit légèrement doré. Ajoutez les ormeaux et les pousses de bambou et faites revenir 1 minute. Ajouter le liquide d'ormeau, le bouillon, le vin ou le xérès, le sucre et le sel, porter à ébullition et cuire 2 minutes. Mélangez la maïzena et l'eau pour obtenir une pâte et faites cuire en remuant jusqu'à ce que la sauce soit claire et épaissie. Servir immédiatement.

Ormeau aux asperges

Pour 4 personnes

10 champignons chinois séchés

30 ml/2 cuillères à soupe d'huile d'arachide (cacahuète)

15 ml/1 cuillère à soupe d'eau

225 g d'asperges

2,5 ml/½ cuillère à café de sauce de poisson

15 ml/1 cuillère à soupe de farine de maïs (amidon de maïs)

225 g/8 oz d'ormeau en conserve, tranché

60 ml/4 cuillères à soupe de bouillon

½ petite carotte, tranchée

5 ml/1 cuillère à café de sauce soja

5 ml/1 cuillère à café de sauce aux huîtres

5 ml/1 cuillère à café de vin de riz ou de xérès sec

Faites tremper les champignons dans l'eau tiède pendant 30 minutes et égouttez-les. Jetez les tiges. Faites chauffer 15 ml/1 cuillère à soupe d'huile avec de l'eau et faites revenir les chapeaux de champignons pendant 10 minutes. Pendant ce temps, faites cuire les asperges dans l'eau bouillante avec la sauce de poisson et 5 ml/1 cuillère à café de maïzena jusqu'à ce qu'elles soient tendres. Bien égoutter et déposer sur une assiette de service chaude avec les champignons. Gardez-les au chaud. Faites chauffer le reste de l'huile et faites revenir les ormeaux pendant quelques secondes, puis ajoutez le bouillon, les carottes, la sauce soja, la sauce aux huîtres, le vin ou le xérès et le reste de la semoule de maïs. Cuire environ 5 minutes jusqu'à ce qu'elles soient bien cuites, puis verser sur les asperges et servir.

Ormeau aux champignons

Pour 4 personnes

6 champignons chinois séchés

400 g d'ormeau en conserve

45 ml/3 cuillères à soupe d'huile d'arachide (cacahuète)

2,5 ml/¬Ω cuillère à café de sel

15 ml/1 cuillère à soupe de vin de riz ou de xérès sec

3 oignons verts (ciboulette), tranchés épaissement

Faites tremper les champignons dans l'eau tiède pendant 30 minutes et égouttez-les. Jetez les tiges et coupez les sommets. Égoutter et trancher l'ormeau en réservant le jus. Faites chauffer l'huile d'olive et faites revenir le sel et les champignons pendant 2 minutes. Ajouter le liquide d'ormeau et le sherry, porter à ébullition, couvrir et cuire 3 minutes. Ajouter les ormeaux et les oignons verts et cuire jusqu'à ce qu'ils soient bien chauds. Servir immédiatement.

Ormeau à la sauce d'huître

Pour 4 personnes

400 g d'ormeau en conserve
15 ml/1 cuillère à soupe de farine de maïs (amidon de maïs)
15 ml/1 cuillère à soupe de sauce soja
45 ml/3 cuillères à soupe de sauce aux huîtres
30 ml/2 cuillères à soupe d'huile d'arachide (cacahuète)
50 g/2 oz de jambon fumé, haché

Égoutter la boîte d'ormeau et réserver 90 ml/6 cuillères à soupe de liquide. Mélangez-le avec la semoule de maïs, la sauce soja et la sauce aux huîtres. Faites chauffer l'huile et faites revenir les ormeaux égouttés pendant 1 minute. Ajouter le mélange de sauce et cuire en remuant pendant environ 1 minute jusqu'à ce que le tout soit bien chaud. Transférer dans une assiette chaude et servir garni de jambon.

Palourdes cuites à la vapeur

Pour 4 personnes

24 palourdes

Frottez bien les palourdes et faites-les tremper dans de l'eau salée pendant quelques heures. Laver sous l'eau courante et disposer dans un plat peu profond allant au four. Placer sur une grille dans un cuiseur vapeur, couvrir et cuire à la vapeur dans de l'eau bouillante pendant environ 10 minutes jusqu'à ce que toutes les palourdes soient ouvertes. Jetez ceux qui restent fermés. Servir avec des sauces.

Palourdes aux germes de soja

Pour 4 personnes

24 palourdes

15 ml/1 cuillère à soupe d'huile d'arachide

150 g/5 oz de germes de soja

1 poivron vert, coupé en lanières

2 ciboulette (ciboulette), hachée

15 ml/1 cuillère à soupe de vin de riz ou de xérès sec

sel et poivre fraîchement moulu

2,5 ml/¬Ω cuillère à café d'huile de sésame

50 g/2 oz de jambon fumé, haché

Frottez bien les palourdes et faites-les tremper dans de l'eau salée pendant quelques heures. Rincer sous l'eau courante. Portez une casserole d'eau à ébullition, ajoutez les palourdes et laissez cuire quelques minutes jusqu'à ce qu'elles s'ouvrent. Égoutter et jeter ceux qui restent fermés. Retirez les palourdes des coquilles.

Faites chauffer l'huile et faites revenir les germes de soja pendant 1 minute. Ajoutez le poivron et la ciboulette et faites revenir 2 minutes. Ajoutez le vin ou le xérès et assaisonnez de sel et de poivre. Faites chauffer, puis incorporez les palourdes et remuez jusqu'à ce que le tout soit bien mélangé et bien chaud. Transférer dans une assiette chaude et servir saupoudré d'huile de sésame et de jambon.

Palourdes au gingembre et à l'ail

Pour 4 personnes

24 palourdes

15 ml/1 cuillère à soupe d'huile d'arachide

2 tranches de racine de gingembre, hachées

2 gousses d'ail, écrasées

15 ml/1 cuillère à soupe d'eau

5 ml/1 cuillère à café d'huile de sésame

sel et poivre fraîchement moulu

Frottez bien les palourdes et faites-les tremper dans de l'eau salée pendant quelques heures. Rincer sous l'eau courante. Faites chauffer l'huile et faites revenir le gingembre et l'ail pendant 30 secondes. Ajouter les palourdes, l'eau et l'huile de sésame, couvrir et cuire environ 5 minutes jusqu'à ce que les palourdes s'ouvrent. Jetez ceux qui restent fermés. Assaisonner légèrement de sel et de poivre et servir immédiatement.

Palourdes frites

Pour 4 personnes

24 palourdes

60 ml/4 cuillères à soupe d'huile d'arachide (cacahuète)

4 gousses d'ail, hachées

1 oignon, finement haché

2,5 ml/¬Ω cuillère à café de sel

Frottez bien les palourdes et faites-les tremper dans de l'eau salée pendant quelques heures. Rincer sous l'eau courante puis sécher. Faites chauffer l'huile d'olive et faites revenir l'ail, l'oignon et le sel jusqu'à ce qu'ils soient dorés. Ajoutez les palourdes, couvrez et laissez cuire à feu doux pendant environ 5 minutes jusqu'à ce que toutes les coquilles soient ouvertes. Jetez ceux qui restent fermés. Faire frire doucement pendant encore 1 minute en arrosant d'huile.

Beignets de crabe

Pour 4 personnes

225 g/8 oz de germes de soja

60 ml/4 cuillères à soupe d'huile d'arachide 100 g de pousses de bambou coupées en lanières

1 oignon haché

225 g/8 oz de chair de crabe, en flocons

4 oeufs légèrement battus

15 ml/1 cuillère à soupe de farine de maïs (amidon de maïs)

30 ml/2 cuillères à soupe de sauce soja

sel et poivre fraîchement moulu

Blanchir les germes de soja dans l'eau bouillante pendant 4 minutes et égoutter. Faites chauffer la moitié de l'huile et faites revenir les germes de soja, les pousses de bambou et l'oignon jusqu'à ce qu'ils soient tendres. Retirer du feu et mélanger le reste des ingrédients, sauf l'huile. Faites chauffer le reste de l'huile dans une poêle propre et faites revenir des cuillerées du mélange de chair de crabe pour faire des petits gâteaux. Faire frire jusqu'à ce qu'ils soient légèrement dorés des deux côtés et servir immédiatement.

Crème De Crabe

Pour 4 personnes

225 g de chair de crabe

5 oeufs battus

1 ciboulette (ciboulette) finement hachée

250 ml/8 fl oz/1 tasse d'eau

5 ml/1 cuillère à café de sel

5 ml/1 cuillère à café d'huile de sésame

Mélangez bien tous les ingrédients. Placer dans un bol, couvrir et placer au sommet d'un bain-marie au-dessus de l'eau chaude ou sur une grille à vapeur. Cuire à la vapeur environ 35 minutes jusqu'à consistance crémeuse, en remuant de temps en temps. Servir avec du riz.

Chair de crabe aux feuilles chinoises

Pour 4 personnes

450 g/1 lb de feuilles chinoises, hachées
45 ml/3 cuillères à soupe d'huile végétale
2 ciboulette (ciboulette), hachée
225 g de chair de crabe
15 ml/1 cuillère à soupe de sauce soja
15 ml/1 cuillère à soupe de vin de riz ou de xérès sec
5 ml/1 cuillère à café de sel

Blanchir les feuilles de chinois dans l'eau bouillante pendant 2 minutes, bien égoutter et laver à l'eau froide. Faites chauffer l'huile et faites revenir les oignons nouveaux jusqu'à ce qu'ils soient légèrement dorés. Ajouter la chair de crabe et faire revenir 2 minutes. Ajoutez les feuilles de chinois et faites revenir 4 minutes. Ajouter la sauce soja, le vin ou le xérès et le sel et bien mélanger. Ajouter le bouillon et la semoule de maïs, porter à ébullition et cuire en remuant pendant 2 minutes jusqu'à ce que la sauce s'éclaircisse et épaississe.

Crabe Foo Yung aux germes de soja

Pour 4 personnes

6 oeufs battus

45 ml/3 cuillères à soupe de farine de maïs (amidon de maïs)

225 g de chair de crabe

100 g/4 oz de germes de soja

2 ciboulette (ciboulette), finement hachée

2,5 ml/¬Ω cuillère à café de sel

45 ml/3 cuillères à soupe d'huile d'arachide (cacahuète)

Battez les œufs puis la farine de maïs. Mélanger le reste des ingrédients sauf l'huile. Faites chauffer l'huile et versez le mélange dans la poêle petit à petit pour faire de petites crêpes d'environ 3 pouces de diamètre. Faites frire jusqu'à ce que le fond soit doré, retournez et faites dorer l'autre côté.

Crabe au Gingembre

Pour 4 personnes

15 ml/1 cuillère à soupe d'huile d'arachide
2 tranches de racine de gingembre, hachées
4 oignons verts (ciboulette), hachés
3 gousses d'ail, écrasées
1 piment rouge, haché
350 g/12 oz de chair de crabe, émiettée
2,5 ml/¬Ω cuillère à café de pâte de poisson
2,5 ml/¬Ω cuillère à café d'huile de sésame
15 ml/1 cuillère à soupe de vin de riz ou de xérès sec
5 ml/1 cuillère à café de farine de maïs (amidon de maïs)
15 ml/1 cuillère à soupe d'eau

Faites chauffer l'huile et faites revenir le gingembre, l'oignon nouveau, l'ail et le poivre pendant 2 minutes. Ajouter la chair de crabe et remuer jusqu'à ce qu'elle soit bien enrobée d'épices. Ajoutez la pâte de poisson. Mélangez le reste des ingrédients pour obtenir une pâte, puis mélangez-les dans la poêle et faites frire pendant 1 minute. Servir immédiatement.

Lo Mein au crabe

Pour 4 personnes

100 g/4 oz de germes de soja

30 ml/2 cuillères à soupe d'huile d'arachide (cacahuète)

5 ml/1 cuillère à café de sel

1 oignon, tranché

100 g/4 oz de champignons, tranchés

225 g/8 oz de chair de crabe, en flocons

100 g/4 oz de pousses de bambou, tranchées

Pâtes mélangées

30 ml/2 cuillères à soupe de sauce soja

5 ml/1 cuillère à café de sucre

5 ml/1 cuillère à café d'huile de sésame

sel et poivre fraîchement moulu

Blanchir les germes de soja dans l'eau bouillante pendant 5 minutes et égoutter. Faites chauffer l'huile et faites revenir le sel et l'oignon jusqu'à ce qu'ils soient dorés. Ajouter les champignons et faire revenir jusqu'à ce qu'ils soient tendres. Ajouter la chair de crabe et faire revenir 2 minutes. Ajoutez les germes de soja et les pousses de bambou et faites revenir 1 minute. Ajoutez les pâtes égouttées dans la poêle et remuez délicatement. Mélanger la sauce soja, le sucre et l'huile de sésame et assaisonner de sel et de poivre. Incorporer la poêle jusqu'à ce qu'elle soit bien chaude.

Crabe frit au porc

Pour 4 personnes

30 ml/2 cuillères à soupe d'huile d'arachide (cacahuète)
100 g/4 oz de porc haché (haché)
350 g/12 oz de chair de crabe, émiettée
2 tranches de racine de gingembre, hachées
2 œufs légèrement battus
15 ml/1 cuillère à soupe de sauce soja
15 ml/1 cuillère à soupe de vin de riz ou de xérès sec
30 ml/2 cuillères à soupe d'eau
sel et poivre fraîchement moulu
4 oignons nouveaux (ciboulette), coupés en lanières

Faites chauffer l'huile et faites frire le porc jusqu'à ce qu'il soit légèrement doré. Ajouter la chair de crabe et le gingembre et faire sauter pendant 1 minute. Mélangez les œufs. Ajouter la sauce soja, le vin ou le xérès, l'eau, le sel et le poivre et cuire environ 4 minutes en remuant. Servir garni de ciboulette.

Chair de crabe frite

Pour 4 personnes

30 ml/2 cuillères à soupe d'huile d'arachide (cacahuète)
450 g de chair de crabe, émiettée
2 ciboulette (ciboulette), hachée
2 tranches de racine de gingembre, hachées
30 ml/2 cuillères à soupe de sauce soja
30 ml/2 cuillères à soupe de vin de riz ou de xérès sec
2,5 ml/¬Ω cuillère à café de sel
15 ml/1 cuillère à soupe de farine de maïs (amidon de maïs)
60 ml/4 cuillères à soupe d'eau

Faites chauffer l'huile et faites revenir la chair de crabe, les oignons verts et le gingembre pendant 1 minute. Ajoutez la sauce soja, le vin ou le xérès et le sel, couvrez et laissez cuire 3 minutes. Mélangez la maïzena et l'eau jusqu'à formation d'une pâte, mélangez dans la poêle et faites cuire en remuant jusqu'à ce que la sauce soit claire et épaissie.

Boulettes de seiche frites

Pour 4 personnes

450 g/1 lb de seiche

50 g/2 oz de saindoux, écrasé

1 blanc d'oeuf

2,5 ml/¬Ω cuillère à café de sucre

2,5 ml/¬Ω cuillère à café de farine de maïs (amidon de maïs)

sel et poivre fraîchement moulu

huile de friture

Parez la seiche et écrasez-la ou réduisez-la en purée. Mélanger avec le saindoux, les blancs d'œufs, le sucre et la farine de maïs et assaisonner de sel et de poivre. Pressez le mélange en petites boules. Faites chauffer l'huile et faites revenir les beignets de seiche, par lots si nécessaire, jusqu'à ce qu'ils flottent à la surface de l'huile et deviennent dorés. Bien égoutter et servir aussitôt.

Homard Cantonais

Pour 4 personnes

2 homards

30 ml/2 cuillères à soupe d'huile

15 ml/1 cuillère à soupe de sauce aux haricots noirs

1 gousse d'ail, écrasée

1 oignon haché

225 g/8 oz de porc haché (haché)

45 ml/3 cuillères à soupe de sauce soja

5 ml/1 cuillère à café de sucre

sel et poivre fraîchement moulu

15 ml/1 cuillère à soupe de farine de maïs (amidon de maïs)

75 ml/5 cuillères à soupe d'eau

1 œuf battu

Ouvrez les homards, retirez la chair et coupez-la en cubes de 2,5 cm/1. Faites chauffer l'huile et faites revenir la sauce aux haricots noirs, à l'ail et à l'oignon jusqu'à ce qu'elle soit légèrement dorée. Ajouter le porc et faire revenir jusqu'à ce qu'il soit doré. Ajouter la sauce soja, le sucre, le sel, le poivre et le homard, couvrir et cuire environ 10 minutes. Mélangez la maïzena et l'eau jusqu'à formation d'une pâte, mélangez dans la poêle et faites cuire en remuant jusqu'à ce que la sauce soit claire et épaissie. Éteignez le feu et incorporez l'œuf avant de servir.

Homard frit

Pour 4 personnes

450 g/1 livre de chair de homard
30 ml/2 cuillères à soupe de sauce soja
5 ml/1 cuillère à café de sucre
1 œuf battu
30 ml/3 cuillères à soupe de farine nature (tout usage)
huile de friture

Coupez la chair de homard en cubes de 2,5 cm/1 et mélangez-la avec la sauce soja et le sucre. Laissez reposer 15 minutes puis égouttez. Battre l'œuf et la farine, puis ajouter le homard et bien mélanger pour bien l'enrober. Faites chauffer l'huile et faites frire le homard jusqu'à ce qu'il soit doré. Égoutter sur du papier absorbant avant de servir.

Homard cuit à la vapeur et au jambon

Pour 4 personnes

4 oeufs légèrement battus
60 ml/4 cuillères à soupe d'eau
5 ml/1 cuillère à café de sel
15 ml/1 cuillère à soupe de sauce soja
450 g de chair de homard, en flocons
15 ml/1 cuillère à soupe de jambon fumé haché
15 ml/1 cuillère à soupe de persil frais haché

Battez les œufs avec l'eau, le sel et la sauce soja. Verser dans un bol résistant à la chaleur et parsemer de chair de homard. Placez le bol sur une grille dans un cuiseur vapeur, couvrez et faites cuire à la vapeur pendant 20 minutes jusqu'à ce que les œufs soient pris. Servir garni de jambon et de persil.

Homard aux Champignons

Pour 4 personnes

450 g/1 livre de chair de homard
15 ml/1 cuillère à soupe de farine de maïs (amidon de maïs)
60 ml/4 cuillères à soupe d'eau
30 ml/2 cuillères à soupe d'huile d'arachide (cacahuète)
4 oignons verts (ciboulette), tranchés épaissement
100 g/4 oz de champignons, tranchés
2,5 ml/¬Ω cuillère à café de sel
1 gousse d'ail, écrasée
30 ml/2 cuillères à soupe de sauce soja
15 ml/1 cuillère à soupe de vin de riz ou de xérès sec

Coupez la chair du homard en cubes de 2,5 cm/1. Mélangez la semoule de maïs et l'eau jusqu'à ce qu'elle forme une pâte et ajoutez les cubes de homard au mélange pour les enrober. Faites chauffer la moitié de l'huile et faites revenir les cubes de homard jusqu'à ce qu'ils soient légèrement dorés, puis retirez-les de la poêle. Faites chauffer le reste de l'huile et faites revenir les oignons nouveaux jusqu'à ce qu'ils soient légèrement dorés.

Ajouter les champignons et faire revenir 3 minutes. Ajoutez le sel, l'ail, la sauce soja et le vin ou le xérès et faites frire pendant 2 minutes. Remettez le homard dans la poêle et faites-le revenir jusqu'à ce qu'il soit bien chaud.

Queues de homard au porc

Pour 4 personnes

3 champignons chinois séchés
4 queues de homard
60 ml/4 cuillères à soupe d'huile d'arachide (cacahuète)
100 g/4 oz de porc haché (haché)
50 g de châtaignes d'eau finement hachées
sel et poivre fraîchement moulu
2 gousses d'ail, écrasées
45 ml/3 cuillères à soupe de sauce soja
30 ml/2 cuillères à soupe de vin de riz ou de xérès sec
30 ml/2 cuillères à soupe de sauce aux haricots noirs
10 ml/2 cuillères à soupe de farine de maïs (amidon de maïs)
120 ml/4 fl oz/¬Ω tasse d'eau

Faites tremper les champignons dans l'eau tiède pendant 30 minutes et égouttez-les. Jetez les tiges et hachez le dessus. Coupez les queues de homard en deux dans le sens de la longueur. Retirez la chair des queues de homard en réservant les carapaces. Faites chauffer la moitié de l'huile et faites frire le porc jusqu'à ce qu'il soit légèrement doré. Retirer du feu et incorporer les champignons, la chair de homard, les châtaignes d'eau, le sel et le poivre. Pressez la viande dans les carapaces de homard et disposez-la dans un plat allant au four. Placer sur une grille dans un cuiseur vapeur, couvrir et cuire à la vapeur pendant environ 20 minutes jusqu'à ce qu'il soit bien cuit. Pendant ce temps, faites chauffer le reste de l'huile et faites revenir l'ail, la sauce soja, le vin ou le xérès et la sauce aux haricots noirs pendant 2 minutes. Mélangez la maïzena et l'eau jusqu'à obtenir une pâte, mélangez dans la poêle et faites cuire en remuant jusqu'à ce que la sauce épaississe. Disposez le homard sur une assiette chaude, versez dessus la sauce et servez aussitôt.

Homard Frit

Pour 4 personnes

450 g/1 lb de queues de homard
30 ml/2 cuillères à soupe d'huile d'arachide (cacahuète)
1 gousse d'ail, écrasée

2,5 ml/¬Ω cuillère à café de sel
350 g/12 oz de germes de soja
50 g de champignons de Paris
4 oignons verts (ciboulette), tranchés épaissement
150 ml/¬° pt/généreuse ¬Ω tasse de bouillon de poulet
15 ml/1 cuillère à soupe de farine de maïs (amidon de maïs)

Portez une casserole d'eau à ébullition, ajoutez les queues de homard et laissez bouillir 1 minute. Égoutter, laisser refroidir, retirer la peau et couper en tranches épaisses. Faites chauffer l'huile d'olive avec l'ail et le sel et faites revenir jusqu'à ce que l'ail soit légèrement doré. Ajouter le homard et faire revenir 1 minute. Ajouter les germes de soja et les champignons et faire sauter pendant 1 minute. Incorporer la ciboulette. Ajouter la majeure partie du bouillon, porter à ébullition, couvrir et cuire 3 minutes. Mélanger la semoule de maïs avec le reste du bouillon, incorporer dans la poêle et cuire en remuant jusqu'à ce que la sauce s'éclaircisse et épaississe.

nids de homard

Pour 4 personnes

30 ml/2 cuillères à soupe d'huile d'arachide (cacahuète)

5 ml/1 cuillère à café de sel

1 oignon, tranché finement

100 g/4 oz de champignons, tranchés

100 g/4 oz de pousses de bambou, tranchées 225 g/8 oz de chair de homard cuite

15 ml/1 cuillère à soupe de vin de riz ou de xérès sec

120 ml/4 fl oz/¬Ω tasse de bouillon de poulet

pincée de poivre fraîchement moulu

10 ml/2 cuillères à café de farine de maïs (amidon de maïs)

15 ml/1 cuillère à soupe d'eau

4 paniers de pâtes

Faites chauffer l'huile et faites revenir le sel et l'oignon jusqu'à ce qu'ils soient dorés. Ajoutez les champignons et les pousses de bambou et faites revenir 2 minutes. Ajouter la chair de homard, le vin ou le xérès et le bouillon, porter à ébullition, couvrir et cuire 2 minutes. Assaisonner de poivre. Mélangez la maïzena et l'eau jusqu'à obtenir une pâte, mélangez dans la poêle et faites cuire en remuant jusqu'à ce que la sauce épaississe. Disposez les nids de nouilles sur une assiette de service chaude et garnissez de homard frit.

Moules à la sauce aux haricots noirs

Pour 4 personnes

45 ml/3 cuillères à soupe d'huile d'arachide (cacahuète)
2 gousses d'ail, écrasées
2 tranches de racine de gingembre, hachées
30 ml/2 cuillères à soupe de sauce aux haricots noirs
15 ml/1 cuillère à soupe de sauce soja
1,5 kg/3 lb de moules, lavées et barbus
2 ciboulette (ciboulette), hachée

Faites chauffer l'huile et faites revenir l'ail et le gingembre pendant 30 secondes. Ajouter la sauce aux haricots noirs et la sauce soja et faire sauter pendant 10 secondes. Ajouter les moules, couvrir et cuire environ 6 minutes jusqu'à ce que les moules s'ouvrent. Jetez ceux qui restent fermés. Transférer dans une assiette chaude et servir parsemé de ciboulette.

Moules au Gingembre

Pour 4 personnes

45 ml/3 cuillères à soupe d'huile d'arachide (cacahuète)
2 gousses d'ail, écrasées
4 tranches de racine de gingembre, hachées
1,5 kg/3 lb de moules, lavées et barbus
45 ml/3 cuillères à soupe d'eau
15 ml/1 cuillère à soupe de sauce aux huîtres

Faites chauffer l'huile et faites revenir l'ail et le gingembre pendant 30 secondes. Ajouter les moules et l'eau, couvrir et cuire environ 6 minutes jusqu'à ce que les moules s'ouvrent. Jetez ceux qui restent fermés. Transférer dans une assiette chaude et servir arrosé de sauce aux huîtres.

Moules cuites

Pour 4 personnes

1,5 kg/3 lb de moules, lavées et barbus
45 ml/3 cuillères à soupe de sauce soja
3 oignons verts (ciboulette), finement hachés

Disposez les moules sur une grille dans un cuiseur vapeur, couvrez et faites cuire à la vapeur dans l'eau bouillante pendant environ 10 minutes jusqu'à ce que toutes les moules soient ouvertes. Jetez ceux qui restent fermés. Transférer dans un plat de service chaud et servir saupoudré de sauce soja et de ciboulette.

Huîtres frites

Pour 4 personnes

24 huîtres décortiquées

sel et poivre fraîchement moulu

1 œuf battu

50 g/2 oz/¬Ω tasse de farine nature (tout usage)

250 ml/8 fl oz/1 tasse d'eau

huile de friture

4 oignons verts (ciboulette), hachés

Saupoudrer les huîtres de sel et de poivre. Battez l'œuf avec la farine et l'eau jusqu'à obtenir une pâte et utilisez-la pour enrober les huîtres. Faites chauffer l'huile et faites frire les huîtres jusqu'à ce qu'elles soient dorées. Égoutter sur du papier absorbant et servir garni de ciboulette.

Huîtres au bacon

Pour 4 personnes

175 g de bacon

24 huîtres décortiquées

1 œuf légèrement battu

15 ml/1 cuillère à soupe d'eau

45 ml/3 cuillères à soupe d'huile d'arachide (cacahuète)

2 oignons, hachés

15 ml/1 cuillère à soupe de farine de maïs (amidon de maïs)

15 ml/1 cuillère à soupe de sauce soja

90 ml/6 cuillères à soupe de bouillon de poulet

Coupez le bacon en morceaux et enroulez un morceau autour de chaque huître. Battez l'œuf avec l'eau et plongez-le dans les huîtres pour l'enrober. Faites chauffer la moitié de l'huile et faites frire les huîtres jusqu'à ce qu'elles soient légèrement dorées des deux côtés, retirez-les de la poêle et égouttez la graisse. Faites chauffer le reste de l'huile et faites revenir les oignons jusqu'à ce qu'ils soient tendres. Mélangez la maïzena, la sauce soja et le bouillon jusqu'à obtenir une pâte, versez dans la poêle et faites cuire en remuant jusqu'à ce que la sauce s'éclaircisse et épaississe. Versez sur les huîtres et servez aussitôt.

Huîtres frites au gingembre

Pour 4 personnes

24 huîtres décortiquées
2 tranches de racine de gingembre, hachées
30 ml/2 cuillères à soupe de sauce soja
15 ml/1 cuillère à soupe de vin de riz ou de xérès sec
4 oignons nouveaux (ciboulette), coupés en lanières
100 g de bacon
1 oeuf
50 g/2 oz/¬Ω tasse de farine nature (tout usage)
sel et poivre fraîchement moulu
huile de friture
1 citron, coupé en quartiers

Placez les huîtres dans un bol avec le gingembre, la sauce soja et le vin ou le xérès et mélangez pour bien enrober. Laisser reposer 30 minutes. Déposez quelques lanières de ciboulette sur chaque huître. Coupez le bacon en morceaux et enroulez un morceau autour de chaque huître. Battez l'œuf et la farine jusqu'à obtenir une pâte et assaisonnez de sel et de poivre. Tremper les huîtres dans la pâte jusqu'à ce qu'elles soient bien enrobées. Faites chauffer l'huile et faites frire les huîtres jusqu'à ce qu'elles soient dorées. Servir garni de tranches de citron.

Huîtres à la sauce aux haricots noirs

Pour 4 personnes

350 g d'huîtres écaillées
120 ml/4 fl oz/¬Ω tasse d'huile d'arachide (cacahuète)
2 gousses d'ail, écrasées
3 oignons verts (oignons verts), tranchés
15 ml/1 cuillère à soupe de sauce aux haricots noirs
30 ml/2 cuillères à soupe de sauce soja noire
15 ml/1 cuillère à soupe d'huile de sésame
pincée de poudre de chili

Blanchir les huîtres dans l'eau bouillante pendant 30 secondes et égoutter. Faites chauffer l'huile d'olive et faites revenir l'ail et la ciboulette pendant 30 secondes. Ajouter la sauce aux haricots noirs, la sauce soja, l'huile de sésame et les huîtres et assaisonner au goût avec de la poudre de chili. Faire frire jusqu'à ce qu'il soit bien chaud et servir immédiatement.

Coquilles Saint-Jacques aux pousses de bambou

Pour 4 personnes

60 ml/4 cuillères à soupe d'huile d'arachide (cacahuète)

6 ciboulette (ciboulette), hachée

225 g/8 oz de champignons, coupés en quartiers

15 ml/1 cuillère à soupe de sucre

450 g/1 lb de pétoncles décortiqués

2 tranches de racine de gingembre, hachées

225 g/8 oz de pousses de bambou, tranchées

sel et poivre fraîchement moulu

300 ml/¬Ω pt/1¬° verre d'eau

30 ml/2 cuillères à soupe de vinaigre de vin

30 ml/2 cuillères à soupe de farine de maïs (amidon de maïs)

150 ml/¬° pt/généreuse ¬Ω tasse d'eau

45 ml/3 cuillères à soupe de sauce soja

Faites chauffer l'huile et faites revenir les oignons et les champignons pendant 2 minutes. Ajoutez le sucre, les Saint-Jacques, le gingembre, les pousses de bambou, salez et poivrez, couvrez et laissez cuire 5 minutes. Ajoutez l'eau et le vinaigre de vin, portez à ébullition, couvrez et laissez cuire 5 minutes. Mélangez la maïzena et l'eau jusqu'à obtenir une pâte, mélangez dans la poêle et faites cuire en remuant jusqu'à ce que la sauce épaississe. Assaisonner de sauce soja et servir.

Coquilles Saint-Jacques à l'oeuf

Pour 4 personnes

45 ml/3 cuillères à soupe d'huile d'arachide (cacahuète)
350 g de Saint-Jacques décortiquées
25 g/1 oz de jambon fumé, haché
30 ml/2 cuillères à soupe de vin de riz ou de xérès sec
5 ml/1 cuillère à café de sucre
2,5 ml/¬Ω cuillère à café de sel
pincée de poivre fraîchement moulu
2 œufs légèrement battus
15 ml/1 cuillère à soupe de sauce soja

Faites chauffer l'huile et faites revenir les pétoncles pendant 30 secondes. Ajouter le jambon et faire revenir 1 minute. Ajoutez le vin ou le xérès, le sucre, le sel et le poivre et faites sauter pendant

1 minute. Ajoutez les œufs et remuez doucement à feu vif jusqu'à ce que les ingrédients soient bien enrobés dans l'œuf. Servir arrosé de sauce soja.

Pétoncles au brocoli

Pour 4 personnes

350 g/12 oz de pétoncles, tranchés

3 tranches de racine de gingembre, hachées

½ petite carotte, tranchée

1 gousse d'ail, écrasée

45 ml/3 cuillères à soupe de farine nature (tout usage)

2,5 ml/½ cuillère à café de bicarbonate de soude (bicarbonate de soude)

30 ml/2 cuillères à soupe d'huile d'arachide (cacahuète)

15 ml/1 cuillère à soupe d'eau

1 banane, tranchée

huile de friture

275 g/10 oz de brocoli

sel

5 ml/1 cuillère à café d'huile de sésame

2,5 ml/½ cuillère à café de sauce chili

2,5 ml/½ cuillère à café de vinaigre de vin

2,5 ml/½ cuillère à café de purée de tomates (pâte)

Mélangez les Saint-Jacques avec le gingembre, la carotte et l'ail et laissez reposer. Mélangez la farine, le bicarbonate de soude, 15 ml/1 cuillère à soupe d'huile et l'eau jusqu'à obtenir une pâte et utilisez-la pour enrober les tranches de banane. Faites chauffer l'huile et faites frire la banane jusqu'à ce qu'elle soit dorée, égouttez-la et disposez-la autour d'une assiette de service chaude. Pendant ce temps, faites cuire le brocoli dans de l'eau bouillante salée jusqu'à ce qu'il soit tendre et égouttez-le. Faites chauffer le reste de l'huile avec l'huile de sésame et faites revenir brièvement le brocoli, puis disposez-le autour de l'assiette avec les bananes. Ajouter la sauce au poivre, le vinaigre de vin et la purée de tomates dans la poêle et faire revenir les pétoncles jusqu'à ce qu'ils soient cuits. Disposer sur une assiette de service et servir immédiatement.

Pétoncles au Gingembre

Pour 4 personnes

45 ml/3 cuillères à soupe d'huile d'arachide (cacahuète)
2,5 ml/½ cuillère à café de sel
3 tranches de racine de gingembre, hachées
2 oignons verts (ciboulette), tranchés épaissement
450 g/1 lb de pétoncles écaillés, coupés en deux
15 ml/1 cuillère à soupe de farine de maïs (amidon de maïs)
60 ml/4 cuillères à soupe d'eau

Faites chauffer l'huile et faites revenir le sel et le gingembre pendant 30 secondes. Ajouter la ciboulette et faire revenir jusqu'à ce qu'elle soit légèrement dorée. Ajouter les pétoncles et faire revenir 3 minutes. Mélangez la maïzena et l'eau jusqu'à obtenir une pâte, ajoutez-la à la poêle et faites cuire en remuant jusqu'à ce qu'elle épaississe. Servir immédiatement.

Coquilles Saint-Jacques au Jambon

Pour 4 personnes

450 g/1 lb de pétoncles écaillés, coupés en deux
250 ml/8 fl oz/1 tasse de vin de riz ou de xérès sec
1 oignon, finement haché
2 tranches de racine de gingembre, hachées
2,5 ml/¬Ω cuillère à café de sel
100 g/4 oz de jambon fumé, haché

Placez les pétoncles dans un bol et ajoutez le vin ou le xérès. Couvrir et laisser mariner 30 minutes en les retournant de temps en temps, puis égoutter les pétoncles et jeter la marinade. Disposez les Saint-Jacques dans un plat allant au four avec les autres ingrédients. Placez le plat sur une grille dans un cuiseur vapeur, couvrez et faites cuire à la vapeur dans l'eau bouillante pendant environ 6 minutes jusqu'à ce que les pétoncles soient tendres.

Brouillage de pétoncles aux herbes

Pour 4 personnes

225 g de Saint-Jacques décortiquées
30 ml/2 cuillères à soupe de coriandre fraîche hachée
4 oeufs battus
15 ml/1 cuillère à soupe de vin de riz ou de xérès sec
sel et poivre fraîchement moulu
15 ml/1 cuillère à soupe d'huile d'arachide

Placer les pétoncles dans un cuiseur vapeur et cuire à la vapeur pendant environ 3 minutes jusqu'à ce qu'ils soient bien cuits, selon leur taille. Retirer de la vapeur et saupoudrer de coriandre. Battez les œufs avec le vin ou le xérès et assaisonnez au goût avec du sel et du poivre. Ajoutez les pétoncles et la coriandre. Faites chauffer l'huile et faites frire le mélange d'œufs et de pétoncles, en remuant constamment, jusqu'à ce que les œufs soient pris. Sers immédiatement.

Sauté de pétoncles et d'oignons

Pour 4 personnes

45 ml/3 cuillères à soupe d'huile d'arachide (cacahuète)
1 oignon, tranché
450 g/1 lb de pétoncles écaillés, coupés en quartiers
sel et poivre fraîchement moulu
15 ml/1 cuillère à soupe de vin de riz ou de xérès sec

Faites chauffer l'huile et faites revenir l'oignon jusqu'à ce qu'il soit fané. Ajouter les pétoncles et faire revenir jusqu'à ce qu'ils soient légèrement dorés. Assaisonner de sel et de poivre, arroser de vin ou de xérès et servir immédiatement.

Pétoncles aux Légumes

Pour 4 à 6 personnes

4 champignons chinois séchés

2 oignons

30 ml/2 cuillères à soupe d'huile d'arachide (cacahuète)

3 branches de céleri, coupées en diagonale

225 g de haricots verts coupés en diagonale

10 ml/2 cuillère à café de racine de gingembre râpée

1 gousse d'ail, écrasée

20 ml/4 cuillères à café de farine de maïs (amidon de maïs)

250 ml/8 fl oz/1 tasse de bouillon de poulet

30 ml/2 cuillères à soupe de vin de riz ou de xérès sec

30 ml/2 cuillères à soupe de sauce soja

450 g/1 lb de pétoncles écaillés, coupés en quartiers

6 oignons verts (oignons verts), tranchés

425 g/15 oz de maïs en épi en conserve

Faites tremper les champignons dans l'eau tiède pendant 30 minutes et égouttez-les. Jetez les tiges et coupez les sommets. Coupez les oignons en quartiers et séparez les couches. Faites chauffer l'huile et faites revenir l'oignon, le céleri, les haricots, le gingembre et l'ail pendant 3 minutes. Mélangez la semoule de maïs avec un peu de bouillon, puis incorporez le reste du bouillon, le vin ou le xérès et la sauce soja. Ajouter au wok et porter à ébullition en remuant. Ajouter les champignons, les pétoncles, les oignons nouveaux et le maïs et faire revenir environ 5 minutes jusqu'à ce que les pétoncles soient tendres.

Pétoncles aux Poivrons

Pour 4 personnes

30 ml/2 cuillères à soupe d'huile d'arachide (cacahuète)

3 ciboulette (ciboulette), hachée

1 gousse d'ail, écrasée

2 tranches de racine de gingembre, hachées

2 poivrons rouges, coupés en dés

450 g/1 lb de pétoncles décortiqués

30 ml/2 cuillères à soupe de vin de riz ou de xérès sec

15 ml/1 cuillère à soupe de sauce soja

15 ml/1 cuillère à soupe de sauce aux haricots jaunes

5 ml/1 cuillère à café de sucre

5 ml/1 cuillère à café d'huile de sésame

Faites chauffer l'huile et faites revenir la ciboulette, l'ail et le gingembre pendant 30 secondes. Ajouter les poivrons et faire revenir 1 minute. Ajouter les pétoncles et faire sauter pendant 30 secondes, puis ajouter le reste des ingrédients et cuire environ 3 minutes jusqu'à ce que les pétoncles soient tendres.

Calmar aux germes de soja

Pour 4 personnes

450 g/1 livre de calamar

30 ml/2 cuillères à soupe d'huile d'arachide (cacahuète)

15 ml/1 cuillère à soupe de vin de riz ou de xérès sec

100 g/4 oz de germes de soja

15 ml/1 cuillère à soupe de sauce soja

sel

1 piment rouge, râpé

2 tranches de racine de gingembre, râpées

2 oignons nouveaux (ciboulette), râpés

Retirez la tête, les intestins et la membrane du calmar et coupez-le en gros morceaux. Découpez un motif entrecroisé dans chaque pièce. Portez une casserole d'eau à ébullition, ajoutez les calamars et faites cuire jusqu'à ce que les morceaux s'enroulent, retirez-les et égouttez-les. Faites chauffer la moitié de l'huile d'olive et faites revenir rapidement les calamars. Arrosez de vin ou de xérès. Pendant ce temps, faites chauffer le reste de l'huile et faites frire les germes de soja jusqu'à ce qu'ils soient tendres. Assaisonner avec de la sauce soja et du sel. Disposez le piment, le gingembre et les oignons nouveaux autour d'une assiette de service. Empilez les germes de soja au centre et recouvrez de calamars. Servir immédiatement.

Calamar frit

Pour 4 personnes

50 g/2 oz de farine nature (tout usage)

25 g/1 oz/¬° tasse de farine de maïs (amidon de maïs)

2,5 ml/¬Ω cuillère à café de levure chimique

2,5 ml/¬Ω cuillère à café de sel

1 oeuf

75 ml/5 cuillères à soupe d'eau

15 ml/1 cuillère à soupe d'huile d'arachide

450 g/1 livre de calamar, coupé en rondelles

huile de friture

Fouetter la farine, la semoule de maïs, la levure, le sel, l'œuf, l'eau et l'huile pour obtenir une pâte. Trempez les calamars dans la pâte jusqu'à ce qu'ils soient bien enrobés. Faites chauffer l'huile et faites frire les calamars quelques morceaux à la fois jusqu'à ce qu'ils soient dorés. Égoutter sur du papier absorbant avant de servir.

Paquets de calmars

Pour 4 personnes

8 champignons chinois séchés
450 g/1 livre de calamar
100 g de jambon fumé
100 g de tofu
1 œuf battu
15 ml/1 cuillère à soupe de farine nature (tout usage)
2,5 ml/½ cuillère à café de sucre
2,5 ml/½ cuillère à café d'huile de sésame
sel et poivre fraîchement moulu
8 peaux de wonton
huile de friture

Faites tremper les champignons dans l'eau tiède pendant 30 minutes et égouttez-les. Jetez les tiges. Parez les calamars et coupez-les en 8 morceaux. Coupez le jambon et le tofu en 8 morceaux. Mettez-les tous dans un bol. Mélangez l'œuf avec la farine, le sucre, l'huile de sésame, le sel et le poivre. Versez sur les ingrédients dans le bol et mélangez délicatement. Disposez un chapeau de champignon et un morceau de calamar, de jambon et de tofu juste en dessous du centre de chaque peau de wonton. Pliez le coin inférieur, pliez les côtés et roulez en humidifiant les bords avec de l'eau pour sceller. Faites chauffer l'huile et faites frire les tranches pendant environ 8 minutes jusqu'à ce qu'elles soient dorées. Bien égoutter avant de servir.

Rouleaux de calamars frits

Pour 4 personnes

45 ml/3 cuillères à soupe d'huile d'arachide (cacahuète)
225 g/8 oz de rondelles de calamar
1 gros poivron vert, coupé en morceaux
100 g/4 oz de pousses côté bambou, tranchées
2 ciboulette (ciboulette), finement hachée
1 tranche de racine de gingembre, hachée finement

45 ml/2 cuillères à soupe de sauce soja

30 ml/2 cuillères à soupe de vin de riz ou de xérès sec

15 ml/1 cuillère à soupe de farine de maïs (amidon de maïs)

15 ml/1 cuillère à soupe de bouillon de poisson ou d'eau

5 ml/1 cuillère à café de sucre

5 ml/1 cuillère à café de vinaigre de vin

5 ml/1 cuillère à café d'huile de sésame

sel et poivre fraîchement moulu

Faites chauffer 15 ml/1 cuillère à soupe d'huile et faites frire rapidement les rondelles de calamar jusqu'à ce qu'elles soient scellées. Pendant ce temps, faites chauffer le reste de l'huile dans une poêle à part et faites revenir le poivron, les pousses de bambou, les oignons nouveaux et le gingembre pendant 2 minutes. Ajouter les calamars et faire revenir pendant 1 minute. Ajouter la sauce soja, le vin ou le xérès, la semoule de maïs, le bouillon, le sucre, le vinaigre de vin et l'huile de sésame et assaisonner de sel et de poivre. Faire frire jusqu'à ce que la sauce s'éclaircisse et épaississe.

Calmar braisé

Pour 4 personnes

45 ml/3 cuillères à soupe d'huile d'arachide (cacahuète)
3 oignons verts (ciboulette), tranchés épaissement
2 tranches de racine de gingembre, hachées
450 g/1 livre de calamar, coupé en morceaux
15 ml/1 cuillère à soupe de sauce soja
15 ml/1 cuillère à soupe de vin de riz ou de xérès sec
5 ml/1 cuillère à café de farine de maïs (amidon de maïs)
15 ml/1 cuillère à soupe d'eau

Faites chauffer l'huile et faites revenir l'oignon nouveau et le gingembre jusqu'à ce qu'ils soient tendres. Ajouter les calamars et faire revenir jusqu'à ce qu'ils soient enrobés d'huile. Ajouter la sauce soja et le vin ou le xérès, couvrir et cuire 2 minutes. Mélangez la maïzena et l'eau jusqu'à obtenir une pâte, ajoutez-les à la poêle et faites cuire en remuant jusqu'à ce que la sauce épaississe et que les calamars soient tendres.

Calamars aux champignons séchés

Pour 4 personnes

50 g/2 oz de champignons chinois séchés
450 g de rondelles de calamar

45 ml/3 cuillères à soupe d'huile d'arachide (cacahuète)
45 ml/3 cuillères à soupe de sauce soja
2 ciboulette (ciboulette), finement hachée
1 tranche de racine de gingembre, hachée
225 g/8 oz de pousses de bambou, coupées en lanières
30 ml/2 cuillères à soupe de farine de maïs (amidon de maïs)
150 ml/¬° pt/généreuse ¬Ω tasse de bouillon de poisson

Faites tremper les champignons dans l'eau tiède pendant 30 minutes et égouttez-les. Jetez les tiges et coupez les sommets. Blanchir les rondelles de calamar quelques secondes dans l'eau bouillante. Faites chauffer l'huile d'olive, ajoutez les champignons, la sauce soja, les oignons nouveaux et le gingembre et faites revenir 2 minutes. Ajoutez les calamars et les pousses de bambou et faites revenir 2 minutes. Mélangez la semoule de maïs et le bouillon et incorporez dans la poêle. Cuire en remuant jusqu'à ce que la sauce s'éclaircisse et épaississe.

Calamars aux Légumes

Pour 4 personnes

45 ml/3 cuillères à soupe d'huile d'arachide (cacahuète)

1 oignon, tranché

5 ml/1 cuillère à café de sel

450 g/1 livre de calamar, coupé en morceaux

100 g/4 oz de pousses de bambou, tranchées

2 branches de céleri, coupées en diagonale

60 ml/4 cuillères à soupe de bouillon de poulet

5 ml/1 cuillère à café de sucre

100 g de mangetout (petits pois)

5 ml / 1 cuillère à café de farine de maïs (amidon de maïs)

15 ml/1 cuillère à soupe d'eau

Faites chauffer l'huile et faites revenir l'oignon et le sel jusqu'à ce qu'ils soient légèrement dorés. Ajouter les calamars et faire revenir jusqu'à ce qu'ils soient recouverts d'huile. Ajoutez les pousses de bambou et le céleri et faites revenir 3 minutes. Ajouter le bouillon et le sucre, porter à ébullition, couvrir et cuire 3 minutes jusqu'à ce que les légumes soient tendres. Mélangez le mange-tout. Mélangez la maïzena et l'eau jusqu'à obtenir une pâte, mélangez dans la poêle et faites cuire en remuant jusqu'à ce que la sauce épaississe.

Steak braisé à l'anis

Pour 4 personnes

30 ml/2 cuillères à soupe d'huile d'arachide (cacahuète)

450 g/1 livre de steak

1 gousse d'ail, écrasée

45 ml/3 cuillères à soupe de sauce soja

15 ml/1 cuillère à soupe d'eau

15 ml/1 cuillère à soupe de vin de riz ou de xérès sec

5 ml/1 cuillère à café de sel

5 ml/1 cuillère à café de sucre

2 gousses d'anis étoilé

Faites chauffer l'huile et faites frire la viande jusqu'à ce qu'elle soit dorée de tous les côtés. Ajouter le reste des ingrédients, porter à ébullition, couvrir et laisser mijoter doucement pendant environ 45 minutes, puis retourner la viande en ajoutant un peu d'eau et de sauce soja si la viande se dessèche. Cuire encore 45 minutes jusqu'à ce que la viande soit tendre. Jetez l'anis étoilé avant de servir.

Boeuf aux Asperges

Pour 4 personnes

450 g de croupe, en cubes

30 ml/2 cuillères à soupe de sauce soja

30 ml/2 cuillères à soupe de vin de riz ou de xérès sec

45 ml/3 cuillères à soupe de farine de maïs (amidon de maïs)

45 ml/3 cuillères à soupe d'huile d'arachide (cacahuète)

5 ml/1 cuillère à café de sel

1 gousse d'ail, écrasée

350 g de pointes d'asperges

120 ml/4 fl oz/¬Ω tasse de bouillon de poulet

15 ml/1 cuillère à soupe de sauce soja

Placez le steak dans un bol. Mélangez la sauce soja, le vin ou le xérès et 30 ml/2 cuillères à soupe de maïzena, versez sur le steak et remuez bien. Laissez mariner 30 minutes. Faites chauffer l'huile d'olive avec le sel et l'ail et faites revenir jusqu'à ce que l'ail soit légèrement doré. Ajouter la viande et la marinade et faire revenir 4 minutes. Ajouter les asperges et faire revenir doucement pendant 2 minutes. Ajouter le bouillon et la sauce soja, porter à ébullition et cuire en remuant pendant 3 minutes jusqu'à ce que la viande soit bien cuite. Mélangez le reste de la semoule de maïs avec un peu plus d'eau ou de bouillon et incorporez-la à la sauce. Cuire en remuant pendant quelques minutes jusqu'à ce que la sauce s'éclaircisse et épaississe.

Boeuf aux pousses de bambou

Pour 4 personnes

45 ml/3 cuillères à soupe d'huile d'arachide (cacahuète)
1 gousse d'ail, écrasée
1 ciboulette (ciboulette), hachée
1 tranche de racine de gingembre, hachée
225 g/8 oz de bœuf maigre, coupé en lanières
100 g de pousses de bambou
45 ml/3 cuillères à soupe de sauce soja
15 ml/1 cuillère à soupe de vin de riz ou de xérès sec
5 ml/1 cuillère à café de farine de maïs (amidon de maïs)

Faites chauffer l'huile et faites revenir l'ail, l'oignon nouveau et le gingembre jusqu'à ce qu'ils soient légèrement dorés. Ajouter la viande et faire revenir 4 minutes jusqu'à ce qu'elle soit légèrement dorée. Ajoutez les pousses de bambou et faites revenir 3 minutes. Ajouter la sauce soja, le vin ou le xérès et la semoule de maïs et faire sauter pendant 4 minutes.

Boeuf aux pousses de bambou et champignons

Pour 4 personnes

225 g/8 oz de bœuf maigre
45 ml/3 cuillères à soupe d'huile d'arachide (cacahuète)
1 tranche de racine de gingembre, hachée
100 g/4 oz de pousses de bambou, tranchées
100 g/4 oz de champignons, tranchés
45 ml/3 cuillères à soupe de vin de riz ou de xérès sec
5 ml/1 cuillère à café de sucre
10 ml/2 cuillères à café de sauce soja
sel et poivre
120 ml/4 fl oz/¬Ω tasse de bouillon de bœuf
15 ml/1 cuillère à soupe de farine de maïs (amidon de maïs)
30 ml/2 cuillères à soupe d'eau

Tranchez finement la viande contre le grain. Faites chauffer l'huile et faites revenir le gingembre quelques secondes. Ajouter la viande et faire revenir jusqu'à ce qu'elle soit dorée. Ajoutez les pousses de bambou et les champignons et faites revenir 1 minute. Ajoutez le vin ou le xérès, le sucre et la sauce soja et assaisonnez de sel et de poivre. Ajoutez le bouillon, portez à ébullition, couvrez et laissez cuire 3 minutes. Mélangez la maïzena et l'eau, mélangez dans la poêle et faites cuire en remuant jusqu'à ce que la sauce épaississe.

Rôti de boeuf chinois

Pour 4 personnes

45 ml/3 cuillères à soupe d'huile d'arachide (cacahuète)

900 g/2 lb de steak de paleron

1 ciboulette (oignon vert), tranchée

1 gousse d'ail, hachée

1 tranche de racine de gingembre, hachée

60 ml/4 cuillères à soupe de sauce soja

30 ml/2 cuillères à soupe de vin de riz ou de xérès sec

5 ml/1 cuillère à café de sucre

5 ml/1 cuillère à café de sel

pincée de poivre

750 ml/1ième pts/3 tasses d'eau bouillante

Faites chauffer l'huile et faites revenir rapidement la viande de tous les côtés. Ajoutez les oignons verts, l'ail, le gingembre, la sauce soja, le vin ou le xérès, le sucre, le sel et le poivre. Porter à ébullition en remuant. Ajoutez l'eau bouillante, portez à ébullition en remuant, puis couvrez et laissez cuire environ 2 heures jusqu'à ce que la viande soit tendre.

Boeuf aux germes de soja

Pour 4 personnes

450 g/1 livre de bœuf maigre, tranché

1 blanc d'oeuf

30 ml/2 cuillères à soupe d'huile d'arachide (cacahuète)

15 ml/1 cuillère à soupe de farine de maïs (amidon de maïs)

15 ml/1 cuillère à soupe de sauce soja

100 g/4 oz de germes de soja

25 g/1 oz de chou mariné, haché

1 piment rouge, râpé

2 oignons nouveaux (ciboulette), râpés

2 tranches de racine de gingembre, râpées

sel

5 ml/1 cuillère à café de sauce aux huîtres

5 ml/1 cuillère à café d'huile de sésame

Mélangez la viande avec le blanc d'œuf, la moitié de l'huile d'olive, la farine de maïs et la sauce soja et laissez reposer 30 minutes. Blanchir les germes de soja dans l'eau bouillante pendant environ 8 minutes jusqu'à ce qu'ils soient presque tendres, puis égoutter. Faites chauffer le reste de l'huile et faites frire la viande jusqu'à ce qu'elle soit légèrement dorée, puis retirez-la de la poêle. Ajoutez le chou mariné, le piment, le gingembre, le sel, la sauce d'huîtres et l'huile de sésame et faites sauter pendant 2 minutes. Ajouter les germes de soja et faire revenir pendant 2 minutes. Remettez la viande dans la poêle et faites-la frire jusqu'à ce qu'elle soit bien mélangée et bien chaude. Servir immédiatement.

Bœuf avec brocoli

Pour 4 personnes

450 g de croupe, tranchée finement
30 ml/2 cuillères à soupe de farine de maïs (amidon de maïs)
15 ml/1 cuillère à soupe de vin de riz ou de xérès sec
15 ml/1 cuillère à soupe de sauce soja
30 ml/2 cuillères à soupe d'huile d'arachide (cacahuète)
5 ml/1 cuillère à café de sel
1 gousse d'ail, écrasée
225 g de fleurons de brocoli

150 ml/¬° pt/généreuse ¬Ω tasse de bouillon de bœuf

Placez le steak dans un bol. Mélangez 15 ml/1 cuillère à soupe de semoule de maïs avec le vin ou le xérès et la sauce soja, mélangez à la viande et laissez mariner 30 minutes. Faites chauffer l'huile d'olive avec le sel et l'ail et faites revenir jusqu'à ce que l'ail soit légèrement doré. Ajouter le steak et la marinade et faire sauter pendant 4 minutes. Ajouter le brocoli et faire sauter pendant 3 minutes. Ajouter le bouillon, porter à ébullition, couvrir et cuire 5 minutes jusqu'à ce que le brocoli soit tendre mais toujours croquant. Mélangez le reste de la semoule de maïs avec un peu d'eau et incorporez-la à la sauce. Cuire en remuant jusqu'à ce que la sauce s'éclaircisse et épaississe.

Boeuf au Sésame et Brocoli

Pour 4 personnes

150 g/5 oz de bœuf maigre, coupé en fines tranches
2,5 ml/¬Ω cuillère à café de sauce aux huîtres
5 ml/1 cuillère à café de farine de maïs (amidon de maïs)

5 ml/1 cuillère à café de vinaigre de vin blanc

60 ml/4 cuillères à soupe d'huile d'arachide (cacahuète)

100 g de fleurons de brocoli

5 ml/1 cuillère à café de sauce de poisson

2,5 ml/¬Ω cuillère à café de sauce soja

250 ml/8 fl oz/1 tasse de bouillon de bœuf

30 ml/2 cuillères à soupe de graines de sésame

Faites mariner la viande avec la sauce d'huîtres, 2,5 ml/¬Ω cuillère à café de semoule de maïs, 2,5 ml/¬Ω cuillère à café de vinaigre de vin et 15 ml/¬Ω cuillère à café d'huile par heure.

Pendant ce temps, faites chauffer 15 ml/1 cuillère à soupe d'huile, ajoutez le brocoli, 2,5 ml/¬Ω cuillère à café de sauce de poisson, la sauce soja et le reste du vinaigre de vin et couvrez d'eau bouillante. Cuire environ 10 minutes jusqu'à tendreté.

Faites chauffer 30 ml/2 cuillères à soupe d'huile dans une poêle séparée et faites revenir brièvement la viande jusqu'à ce qu'elle soit saisie. Ajouter le bouillon, le reste de la semoule de maïs et la sauce de poisson, porter à ébullition, couvrir et cuire environ 10 minutes jusqu'à ce que la viande soit tendre. Égoutter le brocoli et le déposer sur une assiette de service chaude. Couvrir de viande et saupoudrer généreusement de graines de sésame.

Rôti de bœuf

Pour 4 personnes

450 g/1 lb de steak maigre, tranché

60 ml/4 cuillères à soupe de sauce soja

2 gousses d'ail, écrasées

5 ml/1 cuillère à café de sel

2,5 ml/½ cuillère à café de poivre fraîchement moulu

10 ml/2 cuillères à café de sucre

Mélangez tous les ingrédients et laissez mariner 3 heures. Faire griller ou griller sur un gril chaud pendant environ 5 minutes de chaque côté.

Viande cantonaise

Pour 4 personnes

30 ml/2 cuillères à soupe de farine de maïs (amidon de maïs)
2 blancs d'œufs battus
450 g/1 lb de steak, coupé en lanières
huile de friture
4 branches de céleri, tranchées
2 oignons, tranchés
60 ml/4 cuillères à soupe d'eau
20 ml/4 cuillères à café de sel
75 ml/5 cuillères à soupe de sauce soja
60 ml/4 cuillères à soupe de vin de riz ou de xérès sec
30 ml/2 cuillères à soupe de sucre
poivre fraîchement moulu

Mélangez la moitié de la farine de maïs avec les blancs d'œufs. Ajouter le steak et mélanger pour bien enrober la viande de pâte. Faites chauffer l'huile et faites frire le steak jusqu'à ce qu'il soit doré. Retirer de la poêle et égoutter sur du papier absorbant.

Faites chauffer 15 ml/1 cuillère à soupe d'huile et faites revenir le céleri et les oignons pendant 3 minutes. Ajouter la viande, l'eau, le sel, la sauce soja, le vin ou le xérès et le sucre et assaisonner de poivre. Porter à ébullition et cuire en remuant jusqu'à ce que la sauce épaississe.

Viande aux Carottes

Pour 4 personnes

30 ml/2 cuillères à soupe d'huile d'arachide (cacahuète)
450 g/1 livre de bœuf maigre, coupé en cubes
2 oignons verts (oignons verts), tranchés
2 gousses d'ail, écrasées
1 tranche de racine de gingembre, hachée
250 ml/8 fl oz/1 tasse de sauce soja
30 ml/2 cuillères à soupe de vin de riz ou de xérès sec
30 ml/2 cuillères à soupe de cassonade
5 ml/1 cuillère à café de sel
600 ml/1 pt/2¬Ω tasses d'eau
4 carottes coupées en diagonale

Faites chauffer l'huile et faites frire la viande jusqu'à ce qu'elle soit légèrement dorée. Égoutter l'excès d'huile, ajouter la ciboulette, l'ail, le gingembre et l'anis et faire revenir 2 minutes. Ajouter la sauce soja, le vin ou le xérès, le sucre et le sel et bien mélanger. Ajouter l'eau, porter à ébullition, couvrir et cuire 1 heure. Ajoutez les carottes, couvrez et laissez cuire encore 30 minutes. Retirez le couvercle et laissez cuire jusqu'à ce que la sauce réduise.

Viande aux noix de cajou

Pour 4 personnes

60 ml/4 cuillères à soupe d'huile d'arachide (cacahuète)

450 g de croupe, tranchée finement

8 oignons verts (ciboulette), coupés en morceaux

2 gousses d'ail, écrasées

1 tranche de racine de gingembre, hachée

75 g/3 oz/¬œ tasse de noix de cajou grillées

120 ml/4 fl oz/¬Ω tasse d'eau

20 ml/4 cuillères à café de farine de maïs (amidon de maïs)

20 ml/4 cuillères à café de sauce soja

5 ml/1 cuillère à café d'huile de sésame

5 ml/1 cuillère à café de sauce aux huîtres

5 ml/1 cuillère à café de sauce au piment fort

Faites chauffer la moitié de l'huile et faites frire la viande jusqu'à ce qu'elle soit légèrement dorée. Retirer de la poêle. Faites chauffer le reste de l'huile d'olive et faites revenir la ciboulette, l'ail, le gingembre et les noix de cajou pendant 1 minute.

Remettez la viande dans la poêle. Mélangez le reste des ingrédients et remuez le mélange dans la poêle. Porter à ébullition et cuire en remuant jusqu'à ce que le mélange épaississe.

Casserole de bœuf à la mijoteuse

Pour 4 personnes

30 ml/2 cuillères à soupe d'huile d'arachide (cacahuète)
450 g/1 lb de bœuf braisé, en cubes
3 tranches de racine de gingembre, hachées
3 carottes, tranchées
1 navet, en cubes
15 ml/1 cuillère à soupe de dattes noires dénoyautées
15 ml/1 cuillère à soupe de graines de lotus
30 ml/2 cuillères à soupe de purée de tomates (pâte)
10 ml/2 cuillères à soupe de sel
900 ml/1¬Ω pts/3¬œ tasses de bouillon de bœuf
250 ml/8 fl oz/1 tasse de vin de riz ou de xérès sec

Faites chauffer l'huile dans une grande cocotte ou une poêle résistante à la chaleur et faites frire la viande jusqu'à ce qu'elle soit saisie de tous les côtés.

Boeuf au chou-fleur

Pour 4 personnes

225 g de fleurons de chou-fleur
huile de friture
225 g/8 oz de bœuf, coupé en lanières
50 g de pousses de bambou coupées en lanières
10 châtaignes d'eau coupées en lanières
120 ml/4 fl oz/¬Ω tasse de bouillon de poulet
15 ml/1 cuillère à soupe de sauce soja
15 ml/1 cuillère à soupe de sauce aux huîtres
15 ml/1 cuillère à soupe de purée de tomates (pâte)
15 ml/1 cuillère à soupe de farine de maïs (amidon de maïs)
2,5 ml/¬Ω cuillère à café d'huile de sésame

Faites cuire le chou-fleur 2 minutes dans l'eau bouillante et égouttez-le. Faites chauffer l'huile et faites frire le chou-fleur jusqu'à ce qu'il soit légèrement doré. Retirer et égoutter sur du papier absorbant. Réchauffez l'huile et faites frire la viande jusqu'à ce qu'elle soit légèrement dorée, retirez-la et égouttez-la.

Versez tout sauf 15 ml/1 cuillère à soupe d'huile et faites revenir les pousses de bambou et les châtaignes d'eau pendant 2 minutes. Ajouter le reste des ingrédients, porter à ébullition et cuire en remuant jusqu'à ce que la sauce épaississe. Remettez le bœuf et le chou-fleur dans la poêle et réchauffez doucement. Servir immédiatement.

Boeuf au Céleri

Pour 4 personnes

100 g/4 oz de céleri, coupé en lanières
45 ml/3 cuillères à soupe d'huile d'arachide (cacahuète)
2 ciboulette (ciboulette), hachée
1 tranche de racine de gingembre, hachée
225 g/8 oz de bœuf maigre, coupé en lanières
30 ml/2 cuillères à soupe de sauce soja
30 ml/2 cuillères à soupe de vin de riz ou de xérès sec
2,5 ml/¬Ω cuillère à café de sucre
2,5 ml/¬Ω cuillère à café de sel

Blanchir le céleri dans l'eau bouillante pendant 1 minute et bien l'égoutter. Faites chauffer l'huile et faites revenir l'oignon et le gingembre jusqu'à ce qu'ils soient légèrement dorés. Ajouter la viande et faire revenir 4 minutes. Ajouter le céleri et faire revenir

2 minutes. Ajouter la sauce soja, le vin ou le xérès, le sucre et le sel et faire sauter pendant 3 minutes.

Copeaux de viande frits au céleri

Pour 4 personnes

30 ml/2 cuillères à soupe d'huile d'arachide (cacahuète)
450 g/1 livre de bœuf maigre, coupé en lanières
3 branches de céleri, hachées
1 oignon, râpé
1 ciboulette (oignon vert), tranchée
1 tranche de racine de gingembre, hachée
30 ml/2 cuillères à soupe de sauce soja
15 ml/1 cuillère à soupe de vin de riz ou de xérès sec
2,5 ml/¬Ω cuillère à café de sucre
2,5 ml/¬Ω cuillère à café de sel
10 ml/2 cuillères à café de farine de maïs (amidon de maïs)
30 ml/2 cuillères à soupe d'eau

Faites chauffer la moitié de l'huile jusqu'à ce qu'elle soit chaude et faites frire la viande pendant 1 minute jusqu'à ce qu'elle soit dorée. Retirer de la poêle. Faites chauffer le reste de l'huile et faites revenir le céleri, l'oignon, la ciboule et le gingembre jusqu'à ce qu'ils soient légèrement tendres. Remettez la viande dans la poêle avec la sauce soja, le vin ou le xérès, le sucre et le sel, portez à ébullition et faites frire pour bien réchauffer. Mélangez la semoule de maïs et l'eau, mélangez dans la poêle et laissez cuire jusqu'à ce que la sauce épaississe. Servir immédiatement.

Viande effilochée au poulet et céleri

Pour 4 personnes

4 champignons chinois séchés

45 ml/3 cuillères à soupe d'huile d'arachide (cacahuète)

2 gousses d'ail, écrasées

1 racine de gingembre tranchée, hachée

5 ml/1 cuillère à café de sel

100 g/4 oz de bœuf maigre, coupé en lanières

100 g/4 oz de poulet, coupé en lanières

2 carottes, coupées en lanières

2 branches de céleri, coupées en lanières

4 oignons nouveaux (ciboulette), coupés en lanières

5 ml/1 cuillère à café de sucre

5 ml/1 cuillère à café de sauce soja

5 ml/1 cuillère à café de vin de riz ou de xérès sec

45 ml/3 cuillères à soupe d'eau

5 ml/1 cuillère à café de farine de maïs (amidon de maïs)

Faites tremper les champignons dans l'eau tiède pendant 30 minutes et égouttez-les. Jetez les tiges et hachez le dessus. Faites chauffer l'huile et faites revenir l'ail, le gingembre et le sel jusqu'à ce qu'ils soient légèrement dorés. Ajoutez la viande et le poulet et faites revenir jusqu'à ce qu'ils commencent à dorer. Ajouter le céleri, la ciboulette, le sucre, la sauce soja, le vin ou le xérès et l'eau et porter à ébullition. Couvrir et cuire environ 15 minutes, jusqu'à ce que la viande soit tendre. Mélangez la farine de maïs avec un peu d'eau, incorporez-la à la sauce et faites cuire en remuant jusqu'à ce que la sauce épaississe.

Bœuf au piment

Pour 4 personnes

450 g de croupe, coupée en lanières
45 ml/3 cuillères à soupe de sauce soja
15 ml/1 cuillère à soupe de vin de riz ou de xérès sec
15 ml/1 cuillère à soupe de cassonade
15 ml/1 cuillère à soupe de racine de gingembre finement hachée
30 ml/2 cuillères à soupe d'huile d'arachide (cacahuète)
50 g de pousses de bambou coupées en allumettes
1 oignon, coupé en lanières
1 branche de céleri, coupée en allumettes
2 poivrons rouges épépinés et coupés en lanières
120 ml/4 fl oz/¬Ω tasse de bouillon de poulet
15 ml/1 cuillère à soupe de farine de maïs (amidon de maïs)

Placez le steak dans un bol. Mélangez la sauce soja, le vin ou le xérès, le sucre et le gingembre et incorporez-les au steak. Laisser mariner 1 heure. Retirez le steak de la marinade. Faites chauffer la moitié de l'huile et faites revenir les pousses de bambou, l'oignon, le céleri et le poivron pendant 3 minutes, puis retirez-les de la poêle. Faites chauffer le reste de l'huile et faites frire le steak pendant 3 minutes. Ajouter la marinade, porter à ébullition et ajouter les légumes frits. Cuire en remuant pendant 2 minutes.

Mélangez le bouillon et la semoule de maïs et ajoutez-les à la poêle. Porter à ébullition et cuire en remuant jusqu'à ce que la sauce s'éclaircisse et épaississe.

Boeuf au chou chinois

Pour 4 personnes

225 g/8 oz de bœuf maigre
30 ml/2 cuillères à soupe d'huile d'arachide (cacahuète)
350 g/12 oz de chou chinois, haché
120 ml/4 fl oz/¬Ω tasse de bouillon de bœuf
sel et poivre fraîchement moulu
10 ml/2 cuillères à café de farine de maïs (amidon de maïs)
30 ml/2 cuillères à soupe d'eau

Tranchez finement la viande contre le grain. Faites chauffer l'huile et faites frire la viande jusqu'à ce qu'elle soit dorée. Ajouter le chou chinois et faire revenir jusqu'à ce qu'il ramollisse un peu. Ajouter le bouillon, porter à ébullition et assaisonner de sel et de poivre. Couvrir et cuire 4 minutes jusqu'à ce que la viande soit tendre. Mélangez la maïzena et l'eau, mélangez dans la poêle et faites cuire en remuant jusqu'à ce que la sauce épaississe.

Côtelette de bœuf Suey

Pour 4 personnes

3 branches de céleri, tranchées

100 g/4 oz de germes de soja

100 g de fleurons de brocoli

60 ml/4 cuillères à soupe d'huile d'arachide (cacahuète)

3 ciboulette (ciboulette), hachée

2 gousses d'ail, écrasées

1 tranche de racine de gingembre, hachée

225 g/8 oz de bœuf maigre, coupé en lanières

45 ml/3 cuillères à soupe de sauce soja

15 ml/1 cuillère à soupe de vin de riz ou de xérès sec

5 ml/1 cuillère à café de sel

2,5 ml/¬Ω cuillère à café de sucre

poivre fraîchement moulu

15 ml/1 cuillère à soupe de farine de maïs (amidon de maïs)

Blanchir le céleri, les germes de soja et le brocoli dans l'eau bouillante pendant 2 minutes, égoutter et sécher. Faites chauffer 45 ml/3 cuillères à soupe d'huile et faites revenir les oignons nouveaux, l'ail et le gingembre jusqu'à ce qu'ils soient légèrement dorés. Ajouter la viande et faire revenir 4 minutes. Retirer de la poêle. Faites chauffer le reste de l'huile et faites revenir les légumes pendant 3 minutes. Ajoutez la viande, la sauce soja, le vin ou le xérès, le sel, le sucre et une pincée de poivre et faites revenir pendant 2 minutes. Mélangez la maïzena avec un peu d'eau, incorporez dans la poêle et faites cuire en remuant jusqu'à ce que la sauce s'éclaircisse et épaississe.

www.ingramcontent.com/pod-product-compliance
Lightning Source LLC
Chambersburg PA
CBHW050149130526
44591CB00033B/1218